大足石刻全集

第六卷
宝顶山大佛湾石窟第1—14号考古报告
下册

大足石刻研究院 编

黎方银 主编

DAZU SHIKE
QUANJI

THE DAZU ROCK CARVINGS

Vol. VI

DAFOWAN (NOS. 1—14), BAODINGSHAN

Part Two

EDITED BY
ACADEMY OF DAZU ROCK CARVINGS

EDITOR IN CHIEF
LI FANGYIN

总 策 划　　郭　宜　黎方银

《大足石刻全集》学术委员会

主　　任　　丁明夷
委　　员　　丁明夷　马世长　王川平　宁　强　孙　华　杨　泓　李志荣　李崇峰
　　　　　　李裕群　李静杰　陈明光　陈悦新　杭　侃　姚崇新　郭相颖　雷玉华
　　　　　　霍　巍（以姓氏笔画为序）

《大足石刻全集》编辑委员会

主　　任　　王怀龙　黎方银
副 主 任　　郭　宜　谢晓鹏　刘贤高　郑文武
委　　员　　王怀龙　毛世福　邓启兵　刘贤高　米德昉　李小强　周　颖　郑文武
　　　　　　郭　宜　黄能迁　谢晓鹏　黎方银（以姓氏笔画为序）
主　　编　　黎方银
副 主 编　　刘贤高　邓启兵　黄能迁　谢晓鹏　郑文武

《大足石刻全集》第六卷编纂工作团队

调查记录　　邓启兵　赵凌飞　张媛媛　陈　静　郭　静　黄能迁
现场测绘　　胡云岗　赵　岗　蒋小菁　卢光宇　张玉敏　周　颖
　　　　　　毛世福　黄能迁　邓启兵
绘　　图　　周　颖　毛世福
图版拍摄　　郑文武（主机）　王　远　吕文成　周　瑜　陈大卫
拓　　片　　唐长清　唐毅烈
铭文整理　　赵凌飞
资料整理　　赵凌飞　张媛媛　未小妹　李朝元
英文翻译　　姚淇琳
英文审定　　Tom Suchan　唐仲明
报告编写　　黎方银　黄能迁　邓启兵
统　　稿　　黎方银
审　　定　　丁明夷

《大足石刻全集》第六卷编辑工作团队

工作统筹　　郭　宜　郑文武
三　　审　　杨希之　刘向东　程　辉
编　　辑　　郑文武　吴芝宇　吕文成　王　远
印前审读　　曾祥志
图片制作　　郑文武　吕文成　王　远
装帧设计　　胡靳一　郑文武
排　　版　　何　璐　黄　淦
校　　色　　宋晓东　郑文武
校　　对　　唐联文　廖应碧　李小君　何建云　刘　艳

总目录

第一卷　　　北山佛湾石窟第1—100号考古报告

第二卷　　　北山佛湾石窟第101—192号考古报告

第三卷　　　北山佛湾石窟第193—290号考古报告

第四卷　　　北山多宝塔考古报告

第五卷　　　石篆山、石门山、南山石窟考古报告

第六卷　　　宝顶山大佛湾石窟第1—14号考古报告

第七卷　　　宝顶山大佛湾石窟第15—32号考古报告

第八卷　　　宝顶山小佛湾及周边石窟考古报告

第九卷　　　大足石刻专论

第十卷　　　大足石刻历史图版

第十一卷　　附录及索引

GENERAL CATALOGUE

Vol. I FOWAN (NOS. 1–100), BEISHAN

Vol. II FOWAN (NOS. 101–192), BEISHAN

Vol. III FOWAN (NOS. 193–290), BEISHAN

Vol. IV DUOBAO PAGODA, BEISHAN

Vol. V SHIZHUANSHAN, SHIMENSHAN AND NANSHAN

Vol. VI DAFOWAN (NOS. 1–14), BAODINGSHAN

Vol. VII DAFOWAN (NOS. 15–32), BAODINGSHAN

Vol. VIII XIAOFOWAN AND SURROUNDING CARVINGS, BAODINGSHAN

Vol. IX COLLECTED RESEARCH PAPERS ON THE DAZU ROCK CARVINGS

Vol. X EARLY PHOTOGRAPHS OF THE DAZU ROCK CARVINGS

Vol. XI APPENDIX AND INDEX

目　录

I 摄影图版

图版 1	宝顶山石窟卫星图	2
图版 2	宝顶山三维地形模拟图	4
图版 3	宝顶山石窟航拍图	5
图版 4	宝顶山大佛湾、小佛湾石窟航拍图	6
图版 5	宝顶山石窟景区瑞相桥、瑞相广场	7
图版 6	宝顶山石窟景区大足石刻博物馆	8
图版 7	宝顶山礼佛大道及大佛湾石窟新入口	9
图版 8	宝顶山大佛湾石窟航拍图	10
图版 9	宝顶山大佛湾石窟南崖航拍图	11
图版 10	宝顶山大佛湾石窟北崖航拍图	11
图版 11	宝顶山大佛湾石窟局部（由西南向东北）	12
图版 12	宝顶山大佛湾石窟北崖局部（由东向西）	14
图版 13	宝顶山大佛湾石窟北崖中段（由南向北）	15
图版 14	宝顶山大佛湾石窟北崖西段地坪	16
图版 15	宝顶山大佛湾佛缘桥	17
图版 16	宝顶山大佛湾佛缘桥及北崖西端	18
图版 17	宝顶山大佛湾佛缘桥及南崖西端	18
图版 18	宝顶山大佛湾南崖西端至大佛湾出口处石梯道	19
图版 19	宝顶山大佛湾原出入口门厅	20
图版 20	宝顶山大佛湾原出入口门厅西侧石梯道	21
图版 21	宝顶山大佛湾南崖西段下方参观通道（由南向北）	22
图版 22	宝顶山大佛湾北崖西段"波涌梵宫"建筑及"龙潭"水库	23
图版 23	宝顶山小佛湾东侧道路及石牌坊	24
图版 24	宝顶山大佛湾南崖上方石板大道（西段）	25
图版 25	宝顶山大佛湾石窟全景（由西向东）	26
图版 26	宝顶山大佛湾石窟全景（由西南向东北）	28
图版 27	宝顶山大佛湾第1—5号（由东北向西南）	30
图版 28	宝顶山大佛湾第1—5号（由西南向东北）	32
图版 29	宝顶山大佛湾南崖中段梯道及原出入口	34
图版 30	第1、2号	35
图版 31	第2、3号龛交界壁面	36
图版 32	第3—5号	36
图版 33	第3、4号龛交界壁面	37
图版 34	第4、5号龛交界壁面	38
图版 35	第1号龛外立面	39
图版 36	第2号龛外立面	40
图版 37	第2号龛上部第1身护法神像	42
图版 38	第2号龛上部第1身护法神像头顶上方坐佛	43
图版 39	第2号龛上部第1身护法神像头顶左上迦陵频伽	44
图版 40	第2号龛上部第1身护法神像头顶右上迦陵频伽	45
图版 41	第2号龛上部第2身护法神像	46
图版 42	第2号龛上部第2身护法神像左上立像	47
图版 43	第2号龛上部第3身护法神像	48
图版 44	第2号龛上部第3身护法神像左上立像	49
图版 45	第2号龛上部第4身护法神像	50
图版 46	第2号龛上部第4身护法神像左上立像	51
图版 47	第2号龛上部第5身护法神像	52
图版 48	第2号龛上部第5身护法神像左上立像	53
图版 49	第2号龛上部第6身护法神像	54
图版 50	第2号龛上部第6身护法神像左上立像	55
图版 51	第2号龛上部第7身护法神像	56
图版 52	第2号龛上部第7身护法神像右上立像	57
图版 53	第2号龛第8身护法神像	58
图版 54	第2号龛上部第8身护法神像右上立像	59
图版 55	第2号龛第9身护法神像	60
图版 56	第2号龛第9身护法神像右上立像	61
图版 57	第2号龛上部左端神像	62
图版 58	第2号龛上部右端神像	63
图版 59	第2号龛上部左端神像右上方小立像	64
图版 60	第2号龛上部右端神像左上方小立像	65
图版 61	第2号龛下部第1身羊头人身像	66
图版 62	第2号龛下部第2身像	67
图版 63	第2号龛下部第3身鼠头人身像	68
图版 64	第2号龛下部第4身龙首人身像	69
图版 65	第2号龛下部第5身兔首人身像	70
图版 66	第2号龛下部第6身猴头人身像	71
图版 67	第2号龛下部第7身像	72
图版 68	第3号龛外立面	73
图版 69	第3号龛龛底龙头	74
图版 70	第3号龛主尊像头顶上方三佛像	75
图版 71	第3号龛轮盘造像	76
图版 72	第3号龛轮盘轮心造像	77
图版 73	第3号龛轮盘第二圈中上组造像	78
图版 74	第3号龛轮盘第二圈左上组造像	79
图版 75	第3号龛轮盘第二圈右上组造像	80
图版 76	第3号龛轮盘第二圈中下组造像	81
图版 77	第3号龛轮盘第二圈左下组造像	82
图版 78	第3号龛轮盘第二圈右下组造像	83
图版 79	第3号龛轮盘第三圈第1组造像	84

图版80	第3号龛轮盘第三圈第2组造像	85
图版81	第3号龛轮盘第三圈第3组造像	86
图版82	第3号龛轮盘第三圈第4组造像	87
图版83	第3号龛轮盘第三圈第5组造像	88
图版84	第3号龛轮盘第三圈第6组造像	89
图版85	第3号龛轮盘第三圈第7组造像	90
图版86	第3号龛轮盘第三圈第8组造像	91
图版87	第3号龛轮盘第三圈第9组造像	92
图版88	第3号龛轮盘第三圈第10组造像	93
图版89	第3号龛轮盘第三圈第11组造像	94
图版90	第3号龛轮盘第三圈第12组造像	95
图版91	第3号龛轮盘第三圈第13组造像	96
图版92	第3号龛轮盘第三圈第14组造像	97
图版93	第3号龛轮盘第三圈第15组造像	98
图版94	第3号龛轮盘第三圈第16组造像	99
图版95	第3号龛轮盘第三圈第17组造像	100
图版96	第3号龛轮盘第三圈第18组造像	101
图版97	第3号龛轮盘第四圈第1组造像	102
图版98	第3号龛轮盘第四圈第2组造像	102
图版99	第3号龛轮盘第四圈第3组造像	103
图版100	第3号龛轮盘第四圈第4组造像	103
图版101	第3号龛轮盘第四圈第5组造像	104
图版102	第3号龛轮盘第四圈第6组造像	104
图版103	第3号龛轮盘第四圈第7组造像	105
图版104	第3号龛轮盘第四圈第8组造像	105
图版105	第3号龛轮盘第四圈第9组造像	106
图版106	第3号龛轮盘第四圈第10组造像	106
图版107	第3号龛轮盘第四圈第11组造像	107
图版108	第3号龛轮盘第四圈第12组造像	107
图版109	第3号龛轮盘第四圈第13组造像	108
图版110	第3号龛轮盘第四圈第14组造像	108
图版111	第3号龛轮盘第四圈第15组造像	109
图版112	第3号龛轮盘第四圈第16组造像	109
图版113	第3号龛轮盘第四圈第17组造像	110
图版114	第3号龛轮盘第四圈第18组造像	111
图版115	第3号龛轮盘外左下缘造像	112
图版116	第3号龛轮盘外右下缘造像	113
图版117	第3号龛外右下侧猫鼠图	114
图版118	第4号龛外立面	115
图版119	第4号龛中组主尊及童子像	116
图版120	第4号龛中组上方楼阁及造像	117
图版121	第4号龛左组主尊及童子像	118
图版122	第4号龛左组上方楼阁及造像	119
图版123	第4号龛右组主尊及童子像	120
图版124	第4号龛右组上方楼阁及造像	121
图版125	第5号龛外立面	122
图版126	第5号龛龛顶	124
图版127	第5号龛中主尊佛像（正面）	126
图版128	第5号龛中主尊佛像（左侧面）	127
图版129	第5号龛中主尊佛像（右侧面）	128
图版130	第5号龛中主尊佛像头顶上方龛顶华盖	129
图版131	第5号龛左主尊菩萨像（正面）	130
图版132	第5号龛左主尊菩萨像（左侧面）	131
图版133	第5号龛左主尊菩萨像（右侧面）	132
图版134	第5号龛左主尊菩萨像花冠	133
图版135	第5号龛左主尊菩萨像所托楼阁式塔	134
图版136	第5号龛左主尊菩萨像身下蹲兽	135
图版137	第5号龛右主尊菩萨像（正面）	136
图版138	第5号龛右主尊菩萨像（左侧面）	137
图版139	第5号龛右主尊菩萨像（右侧面）	138
图版140	第5号龛右主尊菩萨像花冠	139
图版141	第5号龛右主尊菩萨像所托方塔（正面）	140
图版142	第5号龛右主尊菩萨像所托方塔（左侧面）	141
图版143	第5号龛右主尊菩萨像所托方塔（右侧面）	142
图版144	第5号龛右主尊菩萨像身下蹲狮	143
图版145	第5号龛龛壁第一部分圆龛造像	144
图版146	第5号龛龛壁第一部分第2排第3圆龛佛像	145
图版147	第5号龛龛壁第一部分第5排第2圆龛佛像	146
图版148	第5号龛龛壁第一部分第6排第2圆龛佛像	147
图版149	第5号龛龛壁第一部分第7排第3圆龛佛像	148
图版150	第5号龛龛壁第二部分圆龛造像	149
图版151	第5号龛龛壁第二部分第2排第3圆龛佛像	150
图版152	第5号龛龛壁第二部分第3排第2圆龛佛像	151
图版153	第5号龛龛壁第二部分第4排第2圆龛佛像	152
图版154	第5号龛龛壁第二部分第7排第3圆龛佛像	153
图版155	第5号龛龛壁第三部分圆龛造像	154
图版156	第5号龛龛壁第三部分第1排第2圆龛佛像	155
图版157	第5号龛龛壁第三部分第1排第4圆龛佛像	156
图版158	第5号龛龛壁第三部分第4排第2圆龛佛像	157
图版159	第5号龛龛壁第三部分第5排第3圆龛佛像	158
图版160	第5号龛龛壁第四部分圆龛造像	159
图版161	第5号龛龛壁第四部分第2排第2圆龛卷发人像	160
图版162	第5号龛龛壁第四部分第3排第1圆龛佛像	161
图版163	第5号龛龛壁第四部分第3排第3圆龛佛像	162
图版164	第5号龛龛壁第四部分第6排第1圆龛佛像	163
图版165	第5号龛中主尊佛像下方莲叶及排水沟	164
图版166	第5号龛低坛左侧排水沟	165
图版167	第5号龛主尊佛像左侧低坛凹槽	165

图版 168	第 5 号龛龛底"战符题灵湫泉诗"碑前、后侧凹槽 …… 166
图版 169	第 5 号龛右主尊菩萨像右侧龛底凹槽 …… 167
图版 170	第 6—9 号 …… 168
图版 171	第 5、6 号龛交界壁面 …… 169
图版 172	第 7、8 号龛交界壁面 …… 170
图版 173	第 8、9 号龛交界壁面 …… 171
图版 174	第 9、9-1 号龛交界壁面 …… 172
图版 175	第 6 号龛外立面 …… 173
图版 176	第 6 号龛石塔左侧面 …… 174
图版 177	第 6 号龛石塔右侧面 …… 175
图版 178	第 6 号龛石塔第一级塔身正面 …… 176
图版 179	第 6 号龛石塔第一重塔檐左翼角 …… 177
图版 180	第 6 号龛石塔第二级塔身正面 …… 178
图版 181	第 6 号龛石塔第二级塔身左侧面 …… 179
图版 182	第 6 号龛石塔第二级塔身右侧面 …… 180
图版 183	第 6 号龛石塔第三级塔身正面 …… 181
图版 184	第 6 号龛石塔第三级塔身左侧面 …… 182
图版 185	第 6 号龛石塔第三级塔身右侧面 …… 183
图版 186	第 6 号龛石塔第四级塔身正面 …… 184
图版 187	第 6 号龛石塔第四级塔身左侧面 …… 185
图版 188	第 6 号龛石塔第四级塔身右侧面 …… 186
图版 189	第 6 号龛石塔第五级塔身正面 …… 187
图版 190	第 6 号龛石塔第五级塔身左侧面 …… 188
图版 191	第 6 号龛石塔第二级塔身正面佛像 …… 189
图版 192	第 6 号龛石塔第二级塔身左侧面佛像 …… 190
图版 193	第 6 号龛石塔第三级塔身正面佛像 …… 191
图版 194	第 6 号龛石塔第三级塔身左侧面佛像 …… 192
图版 195	第 6 号龛石塔第四级塔身正面佛像 …… 193
图版 196	第 6 号龛石塔第五级塔身正面佛像 …… 194
图版 197	第 7 号龛外立面 …… 195
图版 198	第 7 号龛龛顶 …… 196
图版 199	第 7 号龛上部造像 …… 197
图版 200	第 7 号龛上部方塔左侧造像 …… 198
图版 201	第 7 号龛上部方塔右侧造像 …… 199
图版 202	第 7 号龛中部造像 …… 200
图版 203	第 7 号龛中部亭内浅龛造像 …… 201
图版 204	第 7 号龛中部亭身右侧立像 …… 202
图版 205	第 7 号龛中部右下建筑及造像 …… 203
图版 206	第 8 号龛修复前外立面 …… 204
图版 207	第 8 号龛修复后外立面 …… 206
图版 208	第 8 号龛龛顶 …… 208
图版 209	第 8 号龛龛底及前侧地坪 …… 209
图版 210	第 8 号龛主尊千手观音像 …… 210
图版 211	第 8 号龛主尊千手观音像花冠 …… 211
图版 212	第 8 号龛主尊像座台左侧力士像 …… 212
图版 213	第 8 号龛主尊像座台右侧力士像 …… 213
图版 214	第 8 号龛 1-1 区造像 …… 214
图版 215	第 8 号龛 1-2 区造像 …… 215
图版 216	第 8 号龛 1-3 区造像 …… 215
图版 217	第 8 号龛 1-4 区造像 …… 216
图版 218	第 8 号龛 1-5 区造像 …… 216
图版 219	第 8 号龛 1-6 区造像 …… 217
图版 220	第 8 号龛 1-7 区造像 …… 217
图版 221	第 8 号龛 1-8 区造像 …… 218
图版 222	第 8 号龛 1-9 区造像 …… 218
图版 223	第 8 号龛 1-10 区造像 …… 219
图版 224	第 8 号龛 1-11 区造像 …… 219
图版 225	第 8 号龛 2-1 区造像 …… 220
图版 226	第 8 号龛 2-2 区造像 …… 220
图版 227	第 8 号龛 2-3 区造像 …… 221
图版 228	第 8 号龛 2-4 区造像 …… 221
图版 229	第 8 号龛 2-5 区造像 …… 222
图版 230	第 8 号龛 2-6 区造像 …… 222
图版 231	第 8 号龛 2-7 区造像 …… 223
图版 232	第 8 号龛 2-8 区造像 …… 223
图版 233	第 8 号龛 2-9 区造像 …… 224
图版 234	第 8 号龛 2-10 区造像 …… 224
图版 235	第 8 号龛 2-11 区造像 …… 225
图版 236	第 8 号龛 3-1 区造像 …… 225
图版 237	第 8 号龛 3-2 区造像 …… 226
图版 238	第 8 号龛 3-3 区造像 …… 226
图版 239	第 8 号龛 3-4 区造像 …… 227
图版 240	第 8 号龛 3-5 区造像 …… 227
图版 241	第 8 号龛 3-6 区造像 …… 228
图版 242	第 8 号龛 3-7 区造像 …… 228
图版 243	第 8 号龛 3-8 区造像 …… 229
图版 244	第 8 号龛 3-9 区造像 …… 229
图版 245	第 8 号龛 3-10 区造像 …… 230
图版 246	第 8 号龛 3-11 区造像 …… 230
图版 247	第 8 号龛 4-1 区造像 …… 231
图版 248	第 8 号龛 4-2 区造像 …… 231
图版 249	第 8 号龛 4-3 区造像 …… 232
图版 250	第 8 号龛 4-4 区造像 …… 232
图版 251	第 8 号龛 4-5 区造像 …… 233
图版 252	第 8 号龛 4-6 区造像 …… 233
图版 253	第 8 号龛 4-7 区造像 …… 234
图版 254	第 8 号龛 4-8 区造像 …… 234
图版 255	第 8 号龛 4-9 区造像 …… 235

图版 256	第 8 号龛 4-10 区造像	235
图版 257	第 8 号龛 4-11 区造像	236
图版 258	第 8 号龛 5-1 区造像	236
图版 259	第 8 号龛 5-2 区造像	237
图版 260	第 8 号龛 5-3 区造像	237
图版 261	第 8 号龛 5-4 区造像	238
图版 262	第 8 号龛 5-5 区造像	238
图版 263	第 8 号龛 5-6 区造像	239
图版 264	第 8 号龛 5-7 区造像	239
图版 265	第 8 号龛 5-8 区造像	240
图版 266	第 8 号龛 5-9 区造像	240
图版 267	第 8 号龛 5-10 区造像	241
图版 268	第 8 号龛 5-11 区造像	241
图版 269	第 8 号龛 6-1 区造像	242
图版 270	第 8 号龛 6-2 区造像	242
图版 271	第 8 号龛 6-3 区造像	243
图版 272	第 8 号龛 6-4 区造像	243
图版 273	第 8 号龛 6-5 区造像	244
图版 274	第 8 号龛 6-6 区造像	244
图版 275	第 8 号龛 6-7 区造像	245
图版 276	第 8 号龛 6-8 区造像	245
图版 277	第 8 号龛 6-9 区造像	246
图版 278	第 8 号龛 6-10 区造像	246
图版 279	第 8 号龛 6-11 区造像	247
图版 280	第 8 号龛 7-1 区造像	247
图版 281	第 8 号龛 7-2 区造像	248
图版 282	第 8 号龛 7-3 区造像	248
图版 283	第 8 号龛 7-4 区造像	249
图版 284	第 8 号龛 7-5 区造像	249
图版 285	第 8 号龛 7-6 区造像	250
图版 286	第 8 号龛 7-7 区造像	250
图版 287	第 8 号龛 7-8 区造像	251
图版 288	第 8 号龛 7-9 区造像	251
图版 289	第 8 号龛 7-10 区造像	252
图版 290	第 8 号龛 7-11 区造像	252
图版 291	第 8 号龛 8-1 区造像	253
图版 292	第 8 号龛 8-2 区造像	253
图版 293	第 8 号龛 8-3 区造像	254
图版 294	第 8 号龛 8-4 区造像	254
图版 295	第 8 号龛 8-5 区造像	255
图版 296	第 8 号龛 8-6 区造像	255
图版 297	第 8 号龛 8-7 区造像	256
图版 298	第 8 号龛 8-8 区造像	256
图版 299	第 8 号龛 8-9 区造像	257
图版 300	第 8 号龛 8-10 区造像	257
图版 301	第 8 号龛 8-11 区造像	258
图版 302	第 8 号龛 9-1 区造像	258
图版 303	第 8 号龛 9-2 区造像	259
图版 304	第 8 号龛 9-3 区造像	259
图版 305	第 8 号龛 9-4 区造像	260
图版 306	第 8 号龛 9-5 区造像	260
图版 307	第 8 号龛 9-6 区造像	261
图版 308	第 8 号龛 9-7 区造像	261
图版 309	第 8 号龛 9-8 区造像	262
图版 310	第 8 号龛 9-9 区造像	262
图版 311	第 8 号龛 9-10 区造像	263
图版 312	第 8 号龛 9-11 区造像	263
图版 313	第 8 号龛左低坛内侧立像	264
图版 314	第 8 号龛左低坛外侧立像	264
图版 315	第 8 号龛右低坛内侧立像	265
图版 316	第 8 号龛右低坛外侧立像	265
图版 317	第 8 号龛左下角穷人像	266
图版 318	第 8 号龛右下角饿鬼像	266
图版 319	第 8 号龛龛前"大悲阁"建筑	267
图版 320	第 9 号龛外立面	268
图版 321	第 9 号龛第一层造像	269
图版 322	第 9 号龛第一层左侧殿阁	270
图版 323	第 9 号龛第一层右侧方亭	271
图版 324	第 9 号龛第二层造像	272
图版 325	第 9 号龛第二层中部建筑及造像	273
图版 326	第 9 号龛第二层左侧建筑	274
图版 327	第 9 号龛第二层右侧建筑	275
图版 328	第 9 号龛第三层造像	276
图版 329	第 9 号龛第三层左侧建筑	277
图版 330	第 9 号龛第三层左侧建筑前造像	278
图版 331	第 9 号龛第三层左侧建筑右次间武士像	279
图版 332	第 9 号龛第三层右上楼阁	280
图版 333	第 9 号龛第三层右上楼阁左侧鸱吻	281
图版 334	第 9 号龛第三层右上楼阁右外侧立像	282
图版 335	第 9 号龛第三层右下方造像	283
图版 336	第 9 号龛第四层造像	284
图版 337	第 9 号龛第四层左侧楼阁	285
图版 338	第 9 号龛第四层右侧楼阁	286
图版 339	第 9 号龛第四层右侧楼阁立柱前侧火焰纹	287
图版 340	第 9-1 号龛外立面	288
图版 341	第 9-1 号方塔第二级塔身左外侧毫光	289
图版 342	第 9-1 号方塔第二级塔身右外侧毫光	290
图版 343	第 10、11 号龛交界壁面	291

图版 344	第 10 号龛外立面	292
图版 345	第 10 号龛龛顶	294
图版 346	第 10 号龛下方门楼	294
图版 347	第 10 号龛门楼左侧护墙	295
图版 348	第 10 号龛门楼右侧护墙	295
图版 349	第 10 号龛门楼左护墙外侧第一组造像	296
图版 350	第 10 号龛门楼左护墙外侧第二组造像	297
图版 351	第 10 号龛门楼右护墙外侧第一组造像	298
图版 352	第 10 号龛门楼右护墙外侧第二组造像	299
图版 353	第 10 号龛门楼左护墙内侧造像	300
图版 354	第 10 号龛门楼右护墙内侧造像	301
图版 355	第 10 号龛上部主殿	302
图版 356	第 10 号龛上部主殿左次间造像	303
图版 357	第 10 号龛上部主殿右次间造像	304
图版 358	第 10 号龛上部左配殿及造像	305
图版 359	第 10 号龛上部左配殿屋顶上方圆轮	306
图版 360	第 10 号龛上部右配殿	307
图版 361	第 10 号龛上部右配殿上方云纹造像	307
图版 362	第 11 号龛外立面（由西向东）	308
图版 363	第 11 号龛外立面（由南向北）	310
图版 364	第 11 号龛外立面（由北向南）	312
图版 365	第 11 号龛主尊佛像头部	314
图版 366	第 11 号龛主尊腿部前侧左云柱下方锡杖	316
图版 367	第 11 号主尊佛像身前弟子像（局部）	317
图版 368	第 11 号龛主尊佛像身前右起第 1 像	318
图版 369	第 11 号龛主尊佛像身前右起第 2 像	319
图版 370	第 11 号龛主尊佛像身前右起第 3 像	320
图版 371	第 11 号龛主尊佛像身前右起第 4 像	321
图版 372	第 11 号龛主尊佛像身前右起第 5 像	322
图版 373	第 11 号龛主尊佛像身前右起第 6 像	323
图版 374	第 11 号龛主尊佛像身前右起第 7 像	324
图版 375	第 11 号龛主尊佛像身前右起第 8 像	325
图版 376	第 11 号龛主尊佛像身前右起第 9 像	326
图版 377	第 11 号龛主尊佛像身前右起第 10 像	327
图版 378	第 11 号龛主尊佛像身前右起第 11 像	328
图版 379	第 11 号龛主尊佛像身前右起第 12 像	329
图版 380	第 11 号龛主尊佛像身前右起第 13 像	330
图版 381	第 11 号龛主尊佛像身前右起第 14 像	331
图版 382	第 11 号龛主尊佛像前方案及造像	332
图版 383	第 11 号龛主尊佛前方案前侧国王像	333
图版 384	第 11 号龛主尊佛前方案左内侧天王像	334
图版 385	第 11 号龛主尊佛前方案左外侧天王像	335
图版 386	第 11 号龛主尊佛前方案右内侧天王像	336
图版 387	第 11 号龛主尊佛前方案右外侧天王像	337
图版 388	第 11 号龛上方云台造像	338
图版 389	第 11 号龛上方云台居中主像	340
图版 390	第 11 号龛上方云台左侧第 1 身立像	341
图版 391	第 11 号龛上方云台左侧第 2 身立像	342
图版 392	第 11 号龛上方云台左侧第 3 身立像	343
图版 393	第 11 号龛上方云台左侧第 4 身立像	344
图版 394	第 11 号龛上方云台右侧第 1 身立像	345
图版 395	第 11 号龛上方云台右侧第 2 身立像	346
图版 396	第 11 号龛上方云台右侧第 3 身立像	347
图版 397	第 11 号龛上方云台右侧第 4 身立像	347
图版 398	第 11 号龛龛底前侧地坪"九曲黄河"排水沟	348
图版 399	第 12 号龛外立面	349
图版 400	第 12 号龛壁面下部释迦牟尼太子坐像	350
图版 401	第 12 号龛下部左侧天王像	351
图版 402	第 12 号龛下部右侧天王像	352
图版 403	第 12-1 号龛外立面	353
图版 404	第 13、14 号	354
图版 405	第 12、13 号龛交界壁面	356
图版 406	第 14 号窟窟外左侧崖壁（由西向东）	357
图版 407	第 14 号窟窟外右侧崖壁（由东向西）	357
图版 408	第 13 号龛外立面	358
图版 409	第 13 号龛龛底	360
图版 410	第 13 号龛龛顶	360
图版 411	第 13 号龛主尊菩萨像（正面）	362
图版 412	第 13 号龛主尊菩萨像（左侧面）	363
图版 413	第 13 号龛主尊菩萨像（右侧面）	364
图版 414	第 13 号龛主尊菩萨像花冠	365
图版 415	第 13 号正壁左侧造像	366
图版 416	第 13 号龛左侧壁造像	367
图版 417	第 13 号龛主尊像左侧第一组造像	368
图版 418	第 13 号龛主尊像左侧第二组造像	369
图版 419	第 13 号龛主尊像左侧第三组造像	370
图版 420	第 13 号龛主尊像左侧第四组造像	371
图版 421	第 13 号龛主尊像左侧第四组造像左侧建筑	372
图版 422	第 13 号左侧壁下部虎、龟、蛇、犬	373
图版 423	第 13 号龛正壁右侧造像	374
图版 424	第 13 号龛右侧壁造像	375
图版 425	第 13 号龛主尊像右侧第一组造像	376
图版 426	第 13 号龛主尊像右侧第二组造像	377
图版 427	第 13 号龛主尊像右侧第三组造像	378
图版 428	第 13 号龛主尊像右侧第四组造像	379
图版 429	第 14 号窟外立面	380
图版 430	第 13、14 号间崖壁	382
图版 431	第 14 号窟窟门	383

图版432	第14号窟窟底	384
图版433	第14号窟北壁（正壁）	385
图版434	第14号窟东壁（左壁）	386
图版435	第14号窟西壁（右壁）	387
图版436	第14号窟南壁（窟口内侧壁）	388
图版437	第14号窟窟顶	390
图版438	第14号窟口左前蹲狮	392
图版439	第14号窟口右前蹲狮	393
图版440	第14号窟窟外东崖上部造像	394
图版441	第14号窟窟外西崖上部造像	396
图版442	第14号窟窟外东崖上部第1圆龛坐佛	398
图版443	第14号窟窟外东崖上部第2圆龛坐佛	399
图版444	第14号窟窟外东崖上部第3圆龛坐佛	400
图版445	第14号窟窟外东崖上部第4圆龛坐佛	401
图版446	第14号窟窟外东崖上部第5圆龛坐佛	402
图版447	第14号窟窟外东崖上部第6圆龛坐佛	403
图版448	第14号窟窟外东崖上部第7圆龛坐佛	404
图版449	第14号窟窟外东崖上部第8圆龛坐佛	405
图版450	第14号窟窟外西崖上部第1圆龛坐佛	406
图版451	第14号窟窟外西崖上部第2圆龛坐佛	407
图版452	第14号窟窟外西崖上部第3圆龛坐佛	408
图版453	第14号窟窟外西崖上部第4圆龛坐佛	409
图版454	第14号窟窟外西崖上部第5圆龛坐佛	410
图版455	第14号窟窟外西崖上部第6圆龛坐佛	411
图版456	第14号窟窟外西崖上部第7圆龛坐佛	412
图版457	第14号窟窟外西崖上部第8圆龛坐佛	413
图版458	第14号窟窟外东崖下部内侧天王像	414
图版459	第14号窟窟外东崖下部外侧天王像	415
图版460	第14号窟窟外西崖下部内侧天王像	416
图版461	第14号窟窟外西崖下部外侧天王像	417
图版462	第14号窟室内北壁转轮经藏东南面、东面	418
图版463	第14号窟室内北壁转轮经藏西南面、西面	419
图版464	第14号窟室内转轮经藏基座	420
图版465	第14号窟室内转轮经藏基座左起第1身力士像	421
图版466	第14号窟室内转轮经藏基座左起第3身力士像	422
图版467	第14号窟室内转轮经藏基座左起第4身力士像	423
图版468	第14号窟室内转轮经藏南面莲座、平座、勾栏	424
图版469	第14号窟室内转轮经藏东南面及东面莲座、平座、勾栏	424
图版470	第14号窟室内转轮经藏西南面莲座、平座、勾栏	425
图版471	第14号窟室内转轮经藏西面莲座、平座、勾栏	425
图版472	第14号窟室内转轮经藏平座南面壸门造像	426
图版473	第14号窟室内转轮经藏平座东南面壸门造像	426
图版474	第14号窟室内转轮经藏平座西南面壸门造像	426
图版475	第14号窟室内转轮经藏平座勾栏东侧伎乐像	428
图版476	第14号窟室内转轮经藏平座勾栏西侧伎乐像	429
图版477	第14号窟室内转轮经藏南面帐身	430
图版478	第14号窟室内转轮经藏东南面帐身	431
图版479	第14号窟室内转轮经藏西南面帐身	432
图版480	第14号窟室内转轮经藏东面帐身	433
图版481	第14号窟室内转轮经藏西面帐身	434
图版482	第14号窟室内转轮经藏南面帐身左帐柱	435
图版483	第14号窟室内转轮经藏南面帐身右帐柱	436
图版484	第14号窟室内转轮经藏东面帐身右帐柱	437
图版485	第14号窟室内转轮经藏西面帐身左帐柱	438
图版486	第14号窟室内转轮经藏南面仰阳板、欢门云纹童子像	439
图版487	第14号窟室内转轮经藏东南面仰阳板、欢门云纹童子像	440
图版488	第14号窟室内转轮经藏西南面仰阳板、欢门云纹童子像	441
图版489	第14号窟室内转轮经藏东面仰阳板	442
图版490	第14号窟室内转轮经藏西面仰阳板	443
图版491	第14号窟室内转轮经藏帐身南面欢门内坐佛像	444
图版492	第14号窟室内转轮经藏帐身东南面欢门内经匣	445
图版493	第14号窟室内转轮经藏帐身西南面欢门内经匣	446
图版494	第14号窟室内转轮经藏帐身东面欢门内坐佛像	447
图版495	第14号窟室内转轮经藏帐身西面欢门内坐佛像	448
图版496	第14号窟室内转轮经藏西南面帐檐	449
图版497	第14号窟室内转轮经藏帐檐上方平座南面	449
图版498	第14号窟室内转轮经藏天宫楼阁	450
图版499	第14号窟室内转轮经藏居中天宫楼阁	452
图版500	第14号窟室内转轮经藏东侧第一座天宫楼阁	453
图版501	第14号窟室内转轮经藏东侧第二座天宫楼阁	454
图版502	第14号窟室内转轮经藏东侧第三座天宫楼阁	455
图版503	第14号窟室内转轮经藏西侧第一座天宫楼阁	456
图版504	第14号窟室内转轮经藏西侧第二座天宫楼阁	457
图版505	第14号窟室内转轮经藏西侧第三座天宫楼阁	458
图版506	第14号窟室内东壁及南壁东侧第一组造像	459
图版507	第14号窟室内东壁及南壁东侧第一组中下部造像	460
图版508	第14号窟室内东壁及南壁东侧第一组中下部菩萨像前侧立像	461
图版509	第14号窟室内东壁及南壁东侧第一组上部坐佛	462
图版510	第14号窟室内东壁及南壁东侧第三组造像	463
图版511	第14号窟室内东壁及南壁东侧第四组造像	464
图版512	第14号窟室内东壁及南壁东侧第四组中下部一佛二菩萨主尊像	465
图版513	第14号窟室内东壁及南壁东侧第四组中下部主尊佛像	466

图版514	第14号窟室内东壁及南壁东侧第四组中下部主尊佛像左侍者像	467
图版515	第14号窟室内东壁及南壁东侧第四组中下部主尊佛像右侍者像	468
图版516	第14号窟室内东壁及南壁东侧第四组中下部左主尊菩萨像	469
图版517	第14号窟室内东壁及南壁东侧第四组中下部左主尊菩萨像下方象奴像	470
图版518	第14号窟室内东壁及南壁东侧第四组中下部右主尊菩萨座下狮子及狮奴像	471
图版519	第14号窟室内东壁及南壁东侧第四组下部菩萨、武士像	472
图版520	第14号窟室内东壁及南壁东侧第四组下部左武士像	474
图版521	第14号窟室内东壁及南壁东侧第四组下部右武士像	475
图版522	第14号窟室内东壁及南壁东侧第四组造像上部楼阁及造像	476
图版523	第14号窟室内东壁及南壁东侧第四组上部坐佛像及手臂	477
图版524	第14号窟室内东壁及南壁东侧第四组上部童子像	478
图版525	第14号窟室内西壁及南壁西侧第一组造像	479
图版526	第14号窟室内西壁及南壁西侧第一组中下部一佛二菩萨主尊像	480
图版527	第14号窟室内西壁及南壁西侧第一组中下部主尊佛像	481
图版528	第14号窟室内西壁及南壁西侧第一组中下部左主尊菩萨像	482
图版529	第14号窟室内西壁及南壁西侧第一组中下部右主尊菩萨像	483
图版530	第14号窟室内西壁及南壁西侧第一组下部造像	484
图版531	第14号窟室内西壁及南壁西侧第一组上部坐佛	486
图版532	第14号窟室内西壁及南壁西侧第二组造像	487
图版533	第14号窟室内西壁及南壁西侧第二组一佛二菩萨主尊像	488
图版534	第14号窟室内西壁及南壁西侧第二组中下部主尊佛像	489
图版535	第14号窟室内西壁及南壁西侧第二组中下部右主尊菩萨像	490
图版536	第14号窟室内西壁及南壁西侧第二组下部造像	491
图版537	第14号窟室内西壁及南壁西侧第二组上部造像	492
图版538	第14号窟室内西壁及南壁西侧第二组上部坐佛及立像	493
图版539	第14号窟室内西壁及南壁西侧第二组上部楼阁	494
图版540	第14号窟室内西壁及南壁西侧第三组造像	495
图版541	第14号窟室内西壁及南壁西侧第三组中下部一佛二菩萨主尊像	496
图版542	第14号窟室内西壁及南壁西侧第三组中下部主尊佛像	497
图版543	第14号窟室内西壁及南壁西侧第三组中下部右主尊菩萨像	498
图版544	第14号窟室内西壁及南壁西侧第三组下部左立式菩萨像	499
图版545	第14号窟室内西壁及南壁西侧第三组下部右立式菩萨像	500
图版546	第14号窟室内西壁及南壁西侧第三组上部造像	501
图版547	第14号窟室内西壁及南壁西侧第四组造像	502
图版548	第14号窟室内西壁及南壁西侧第四组中下部一佛二菩萨主尊像	503
图版549	第14号窟室内西壁及南壁西侧第四组下部造像	504
图版550	第14号窟室内西壁及南壁西侧第四组中下部主尊佛像	506
图版551	第14号窟室内西壁及南壁西侧第四组中下部右主尊菩萨像	507
图版552	第14号窟室内西壁及南壁西侧第四组下部左武士像	508
图版553	第14号窟室内西壁及南壁西侧第四组下部右武士像	509
图版554	第14号窟室内西壁及南壁西侧第四组上部楼阁	510
图版555	第14号窟室内西壁及南壁西侧第四组上部坐佛	511
图版556	第14号窟室内西壁及南壁西侧第四组上部童子像	512
图版557	第14号窟室内南壁上部飞天像	513

II 铭文图版

图版 1　第 2 号龛《大藏佛说守护大千国土经》经文 …………… 516
图版 2　第 3 号龛左上方偈语 …………… 517
图版 3　第 3 号龛右上方偈语 …………… 517
图版 4　第 4 号龛"广大宝楼阁"题名 …………… 518
图版 5　第 4 号龛杜孝严书"宝顶山"题刻 …………… 518
图版 6　第 4 号龛僧觉□妆彩残记 …………… 519
图版 7　第 4 号龛戴光升装彩记 …………… 520
图版 8　第 5 号龛宇文屺诗碑 …………… 521
图版 9　第 5 号龛性聪书残记 …………… 522
图版 10　第 5 号龛战符题《灵湫泉》诗 …………… 523
图版 11　第 5 号龛晚期第 2 则进香墨书题记 …………… 524
图版 12　第 5 号龛晚期第 3 则进香墨书题记 …………… 524
图版 13　第 5 号龛晚期第 5 则进香墨书题记 …………… 525
图版 14　第 5 号龛晚期第 8 则进香墨书题记 …………… 525
图版 15　第 5 号龛晚期第 10 则进香墨书题记 …………… 526
图版 16　第 5 号龛晚期第 15 则进香墨书题记 …………… 526
图版 17　第 6 号龛第二级塔身"舍利宝塔"题名 …………… 527
图版 18　第 7 号龛第一级塔身"妙智宝塔"题名 …………… 527
图版 19　第 7 号龛魏了翁书"毗卢庵"题刻 …………… 528
图版 20　第 7 号龛中部亭外左右侧偈语 …………… 529
图版 21　第 7 号龛左下净明立《遥播千古》碑 …………… 530
图版 22　第 7 号龛左下悟朝立《善功部》碑 …………… 531
图版 23　第 8 号龛张龙飞装修千手观音像记（石砖正面） …………… 532
图版 24　第 8 号龛张龙飞装修千手观音像记（石砖背面） …………… 532
图版 25　第 9 号龛第一层左侧殿阁"化城"题名 …………… 532
图版 26　第 9 号龛第三层左侧楼阁"正觉院"题名 …………… 533
图版 27　第 9 号龛第四层左侧楼阁"净土宫"题名 …………… 533
图版 28　第 9 号龛第四层右侧楼阁"光明殿"题名 …………… 534
图版 29　第 9 号龛第三层造像下部偈语 …………… 534
图版 30　第 9-1 号龛第一级塔身正面偈语 …………… 535
图版 31　第 9-1 号龛第二级塔身正面"舍利宝塔"题名 …………… 536
图版 32　第 13 号龛主尊像左侧第二组造像"药叉"题刻 …………… 537
图版 33　第 13 号龛主尊像左侧第三组造像经文 …………… 538
图版 34　第 13 号龛主尊像右侧第二组造像"天胜修罗"题刻 …………… 539
图版 35　第 14 号窟窟口上方匾额"毗卢道场"题刻 …………… 540
图版 36　第 14 号窟窟口楹联 …………… 541
图版 37　第 14 号窟室内转轮经藏平坐南面壸门左端"正觉门"题刻 …………… 542
图版 38　第 14 号窟室内转轮经藏平坐南面壸门右端"翅头城"题刻 …………… 543
图版 39　第 14 号窟室内西壁及南壁西侧第二组上部楼阁"兜率宫"题刻 …………… 544
图版 40　第 14 号窟窟门左内侧胡靖等游记 …………… 545
图版 41　第 14 号窟窟外西崖李彭氏装彩记 …………… 546

Ⅰ 摄影图版

图版 1　宝顶山石窟卫星图

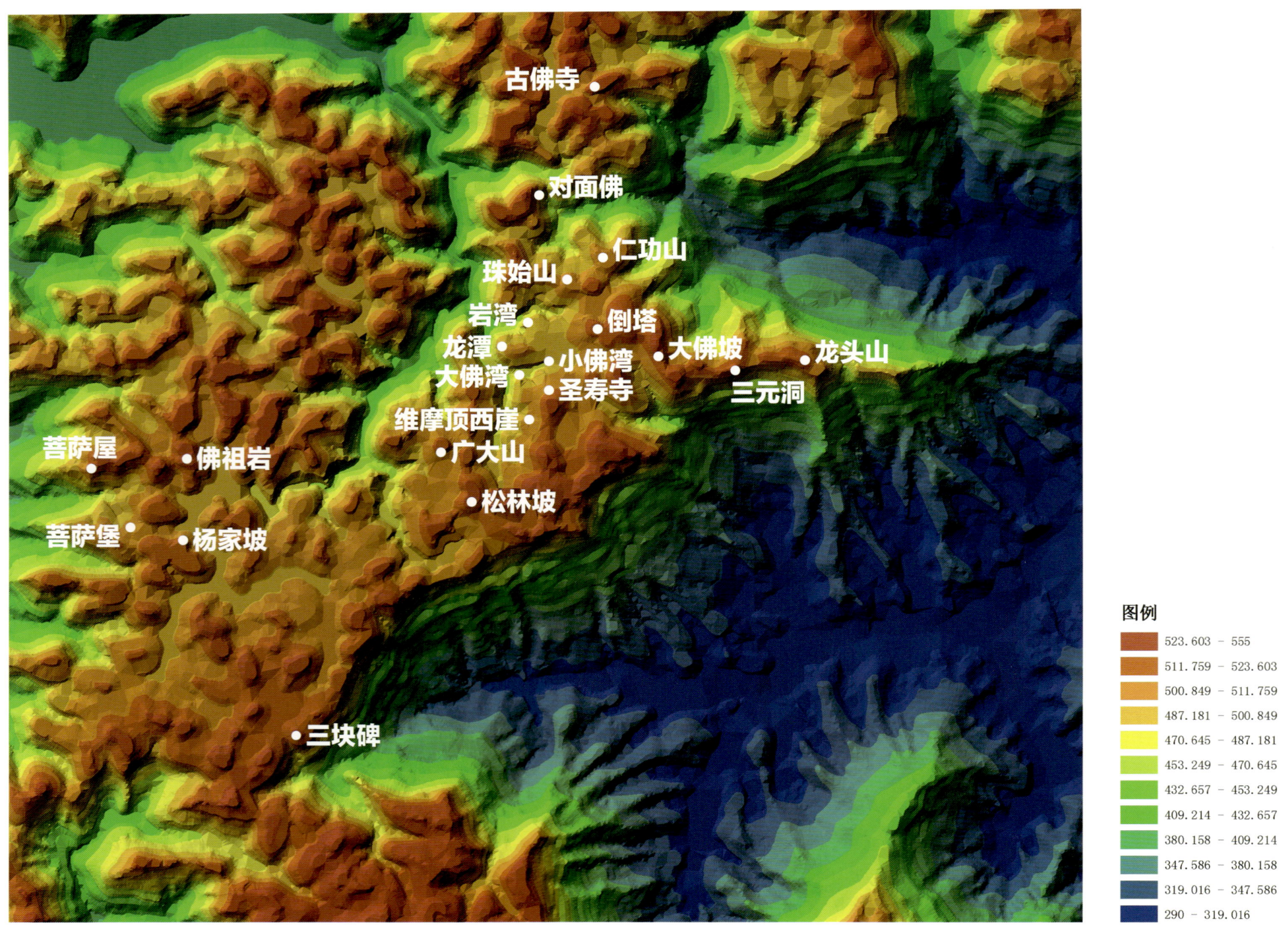

图版 2　宝顶山三维地形模拟图

图版 3　宝顶山石窟航拍图

图版 4　宝顶山大佛湾、小佛湾石窟航拍图

图版 5　宝顶山石窟景区瑞相桥、瑞相广场

图版 6　宝顶山石窟景区大足石刻博物馆

图版 7　宝顶山礼佛大道及大佛湾石窟新入口

图版 8　宝顶山大佛湾石窟航拍图

图版 9　宝顶山大佛湾石窟南崖航拍图

图版 10　宝顶山大佛湾石窟北崖航拍图

图版 11　宝顶山大佛湾石窟局部（由西南向东北）

图版 12　宝顶山大佛湾石窟北崖局部（由东向西）

图版 13　宝顶山大佛湾石窟北崖中段（由南向北）

图版 14　宝顶山大佛湾石窟北崖西段地坪

图版 15　宝顶山大佛湾佛缘桥

图版 16　宝顶山大佛湾佛缘桥及北崖西端

图版 17　宝顶山大佛湾佛缘桥及南崖西端

图版 18　宝顶山大佛湾南崖西端至大佛湾出口处石梯道

图版 19　宝顶山大佛湾原出入口门厅

图版 20　宝顶山大佛湾原出入口门厅西侧石梯道

图版 21　宝顶山大佛湾南岸西段下方参观通道（由南向北）

图版 22　宝顶山大佛湾北崖西段"波涌梵宫"建筑及"龙潭"水库

图版 23　宝顶山小佛湾东侧道路及石牌坊

图版 24　宝顶山大佛湾南崖上方石板大道（西段）

图版 25　宝顶山大佛湾石窟全景（由西向东）

鲁昌麟摄于 1985 年

图版 27　宝顶山大佛湾第 1—5 号（由东北向西南）

图版 28　宝顶山大佛湾第 1—5 号（由西南向东北）

图版 29　宝顶山大佛湾南崖中段梯道及原出入口

图版30 第1、2号

图版 31　第 2、3 号龛交界壁面

图版 32　第 3—5 号

图版 33　第 3、4 号龛交界壁面

图版 34　第 4、5 号龛交界壁面

图版35　第1号龛外立面

图版36　第2号龛外立面

图版 37　第 2 号龛上部第 1 身护法神像

图版 38　第 2 号龛上部第 1 身护法神像头顶上方坐佛

图版 39　第 2 号龛上部第 1 身护法神像头顶左上迦陵频伽

图版 40　第 2 号龛上部第 1 身护法神像头顶右上迦陵频伽

图版 41　第 2 号龛上部第 2 身护法神像

图版 42　第 2 号龛上部第 2 身护法神像左上立像

图版 43　第 2 号龛上部第 3 身护法神像

图版 44　第 2 号龛上部第 3 身护法神像左上立像

图版 45　第 2 号龛上部第 4 身护法神像

图版 46　第 2 号龛上部第 4 身护法神像左上立像

图版 47　第 2 号龛上部第 5 身护法神像

图版 48 第 2 号龛上部第 5 身护法神像左上立像

图版 49　第 2 号龛上部第 6 身护法神像

图版 50　第 2 号龛上部第 6 身护法神像左上立像

图版 51　第 2 号龛上部第 7 身护法神像

图版 52　第 2 号龛上部第 7 身护法神像右上立像

图版 53　第 2 龛第 8 身护法神像

图版 54　第 2 号龛上部第 8 身护法神像右上立像

图版 55　第 2 号龛第 9 身护法神像

图版 56　第 2 号龛第 9 身护法神像右上立像

图版 57　第 2 号龛上部左端神像

图版 58　第 2 号龛上部右端神像

图版 59　第 2 号龛上部左端神像右上方小立像

图版 60　第 2 号龛上部右端神像左上方小立像

图版 61　第 2 号龛下部第 1 身羊头人身像

图版 62　第 2 号龛下部第 2 身像

图版63 第2号龛下部第3身鼠头人身像

图版64　第2号龛下部第4身龙首人身像

图版 65　第 2 号龛下部第 5 身兔首人身像

图版 66　第 2 号龛下部第 6 身猴头人身像

图版 67　第 2 号龛下部第 7 身像

图版 68　第 3 号龛外立面

图版 69　第 3 号龛龛底龙头

图版 70　第 3 号龛主尊像头顶上方三佛像

图版 71　第 3 号龛轮盘造像

图版72　第3号龛轮盘轮心造像

图版 73　第 3 号龛轮盘第二圈中上组造像

图版 74　第 3 号龛轮盘第二圈左上组造像

图版 75　第 3 号龛轮盘第二圈右上组造像

图版76　第3号龛轮盘第二圈中下组造像

图版 77　第 3 号龛轮盘第二圈左下组造像

图版78　第3号龛轮盘第二圈右下组造像

图版 79 第 3 号龛轮盘第三圈第 1 组造像

图版 80　第 3 号龛轮盘第三圈第 2 组造像

图版 81　第 3 号龛轮盘第三圈第 3 组造像

图版 82　第 3 号龛轮盘第三圈第 4 组造像

图版 83 第 3 号龛轮盘第三圈第 5 组造像

图版 84　第 3 号龛轮盘第三圈第 6 组造像

图版 85　第 3 号龛轮盘第三圈第 7 组造像

图版 86　第 3 号龛轮盘第三圈第 8 组造像

图版 87　第 3 号龛轮盘第三圈第 9 组造像

图版 88　第 3 号龛轮盘第三圈第 10 组造像

图版 89　第 3 号龛轮盘第三圈第 11 组造像

图版 90　第 3 号龛轮盘第三圈第 12 组造像

图版 91　第 3 号龛轮盘第三圈第 13 组造像

图版 92　第 3 号龛轮盘第三圈第 14 组造像

图版 93　第 3 号龛轮盘第三圈第 15 组造像

图版 94　第 3 号龛轮盘第三圈第 16 组造像

图版 95　第 3 号龛轮盘第三圈第 17 组造像

图版96　第3号龛轮盘第三圈第18组造像

图版 97　第 3 号龛轮盘第四圈第 1 组造像

图版 98　第 3 号龛轮盘第四圈第 2 组造像

图版 99　第 3 号龛轮盘第四圈第 3 组造像

图版 100　第 3 号龛轮盘第四圈第 4 组造像

图版 101　第 3 号龛轮盘第四圈第 5 组造像

图版 102　第 3 号龛轮盘第四圈第 6 组造像

图版 103　第 3 号龛轮盘第四圈第 7 组造像

图版 104　第 3 号龛轮盘第四圈第 8 组造像

图版 105　第 3 号龛轮盘第四圈第 9 组造像

图版 106　第 3 号龛轮盘第四圈第 10 组造像

图版107　第3号龛轮盘第四圈第11组造像

图版108　第3号龛轮盘第四圈第12组造像

图版 109　第 3 号龛轮盘第四圈第 13 组造像

图版 110　第 3 号龛轮盘第四圈第 14 组造像

图版 111　第 3 号龛轮盘第四圈第 15 组造像

图版 112　第 3 号龛轮盘第四圈第 16 组造像

图版113　第3号龛轮盘第四圈第17组造像

图版114　第3号龛轮盘第四圈第18组造像

图版 115　第 3 号龛轮盘外左下缘造像

图版116　第3号龛轮盘外右下缘造像

Ⅰ 摄影图版

图版 117　第 3 号龛龛外右下侧猫鼠图

图版 118　第 4 号龛外立面

图版 119　第 4 号龛中组主尊及童子像

图版 120　第 4 号龛中组上方楼阁及造像

图版121　第4号龛左组主尊及童子像

图版 122　第 4 号龛左组上方楼阁及造像

图版 123　第 4 号龛右组主尊及童子像

图版124　第4号龛右组上方楼阁及造像

图版 125　第 5 号龛外立面（数码拼接）

图版 126　第 5 号龛龛顶

图版 127　第 5 号龛中主尊佛像（正面）

图版 128　第 5 号龛中主尊佛像（左侧面）

图版129　第5号龛中主尊佛像（右侧面）

图版 130　第 5 号龛中主尊佛像头顶上方龛顶华盖

图版131 第5号龛左主尊菩萨像（正面）

图版132　第5号龛左主尊菩萨像（左侧面）

图版 133 第 5 号龛左主尊菩萨像（右侧面）

图版 134　第 5 号龛左主尊菩萨像花冠

图版 135　第 5 号龛左主尊菩萨像所托楼阁式塔

图版 136 第 5 号龛左主尊菩萨像身下蹲兽

图版 137　第 5 号龛右主尊菩萨像（正面）

图版 138　第 5 号龛右主尊菩萨像（左侧面）

图版 139　第 5 号龛右主尊菩萨像（右侧面）

图版 140　第 5 号龛右主尊菩萨像花冠

图版 141　第 5 号龛右主尊菩萨像所托方塔（正面）

图版 142　第 5 号龛右主尊菩萨像所托方塔（左侧面）

图版 143　第 5 号龛右主尊菩萨像所托方塔（右侧面）

图版 144　第 5 号龛右主尊菩萨像身下蹲狮

图版 145　第 5 号龛龛壁第一部分圆龛造像

图版146　第5号龛龛壁第一部分第2排第3圆龛佛像

图版 147　第 5 号龛龛壁第一部分第 5 排第 2 圆龛佛像

图版 148　第 5 号龛龛壁第一部分第 6 排第 2 圆龛佛像

图版149　第5号龛龛壁第一部分第7排第3圆龛佛像

图版150　第5号龛龛壁第二部分圆龛造像

图版 151　第 5 号龛龛壁第二部分第 2 排第 3 圆龛佛像

图版 152　第 5 号龛龛壁第二部分第 3 排第 2 圆龛佛像

图版 153　第 5 号龛龛壁第二部分第 4 排第 2 圆龛佛像

图版 154　第 5 号龛龛壁第二部分第 7 排第 3 圆龛佛像

图版 155　第 5 号龛龛壁第三部分圆龛造像

图版 156　第 5 号龛龛壁第三部分第 1 排第 2 圆龛佛像

图版 157　第 5 号龛龛壁第三部分第 1 排第 4 圆龛佛像

图版 158　第 5 号龛龛壁第三部分第 4 排第 2 圆龛佛像

图版 159　第 5 号龛龛壁第三部分第 5 排第 3 圆龛佛像

图版 160 第 5 号龛龛壁第四部分圆龛造像

图版 161　第 5 号龛龛壁第四部分第 2 排第 2 圆龛卷发人像

图版 162　第 5 号龛龛壁第四部分第 3 排第 1 圆龛佛像

图版 163　第 5 号龛龛壁第四部分第 3 排第 3 圆龛佛像

图版 164　第 5 号龛龛壁第四部分第 6 排第 1 圆龛佛像

图版165　第5号龛中主尊佛像下方莲叶及排水沟

图版 166　第 5 号龛低坛左侧排水沟

图版 167　第 5 号龛主尊佛像左侧低坛凹槽

图版 168　第 5 号龛龛底 "战符题灵湫泉诗" 碑前、后侧凹槽

图版 169　第 5 号龛右主尊菩萨像右侧龛底凹槽

图版171　第5、6号龛交界壁面

图版172　第7、8号龛交界壁面

图版173 第8、9号龛交界壁面

图版174 第9、9-1号龛交界壁面

图版175　第6号龛外立面

图版 176　第 6 号龛石塔左侧面

图版177　第6号龛石塔右侧面

图版 178　第 6 号龛石塔第一级塔身正面

图版179　第6号龛石塔第一重塔檐左翼角

图版 180　第 6 号龛石塔第二级塔身正面

图版 181　第 6 号龛石塔第二级塔身左侧面

图版 182 第 6 号龛石塔第二级塔身右侧面

图版 183　第 6 号龛石塔第三级塔身正面

图版 184　第 6 号龛石塔第三级塔身左侧面

图版 185　第 6 号龛石塔第三级塔身右侧面

图版 186　第 6 号龛石塔第四级塔身正面

图版 187　第 6 号龛石塔第四级塔身左侧面

图版 188　第 6 号龛石塔第四级塔身右侧面

图版 189　第 6 号龛石塔第五级塔身正面

图版190　第6号龛石塔第五级塔身左侧面

图版 191　第 6 号龛石塔第二级塔身正面佛像

图版 192　第 6 号龛石塔第二级塔身左侧面佛像

图版193　第6号龛石塔第三级塔身正面佛像

图版 194　第 6 号龛石塔第三级塔身左侧面佛像

图版 195　第 6 号龛石塔第四级塔身正面佛像

图版 196　第 6 号龛石塔第五级塔身正面佛像

图版197　第7号龛外立面（正射影像）

图版198 第7号龛龛顶

图版 199　第 7 号龛上部造像

图版 200 第 7 号龛上部方塔左侧造像

图版 201　第 7 号龛上部方塔右侧造像

图版 202　第 7 号龛中部造像

图版203　第7号龛中部亭内浅龛造像

图版 204　第 7 号龛中部亭身右侧立像

图版205　第7号龛中部石下建筑及造像

图版 206 第 8 号龛修复前外立面（2008 年正射影像）

图版 207　第 8 号龛修复后外立面（2015 年拍摄）

图版 208　第 8 号龛龛顶

图版 209　第 8 号龛龛底及前侧地坪

图版210　第8号龛主尊千手观音像

图版211　第8号龛主尊千手观音像花冠

图版 212 第 8 号龛主尊像座台左侧力士像

图版 213　第 8 号龛主尊像座台右侧力士像

图版 214　第 8 号龛 1-1 区造像

图版 215　第 8 号龛 1-2 区造像

图版 216　第 8 号龛 1-3 区造像

图版 217　第 8 号龛 1-4 区造像

图版 218　第 8 号龛 1-5 区造像

图版 219　第 8 号龛 1-6 区造像

图版 220　第 8 号龛 1-7 区造像

图版 221　第 8 号龛 1-8 区造像

图版 222　第 8 号龛 1-9 区造像

图版 223　第 8 号龛 1-10 区造像

图版 224　第 8 号龛 1-11 区造像

Ⅰ 摄影图版　219

图版 225　第 8 号龛 2-1 区造像

图版 226　第 8 号龛 2-2 区造像

图版 227　第 8 号龛 2-3 区造像

图版 228　第 8 号龛 2-4 区造像

图版 229　第 8 号龛 2-5 区造像

图版 230　第 8 号龛 2-6 区造像

图版 231　第 8 号龛 2-7 区造像

图版 232　第 8 号龛 2-8 区造像

Ⅰ 摄影图版　223

图版 233　第 8 号龛 2-9 区造像

图版 234　第 8 号龛 2-10 区造像

图版 235　第 8 号龛 2-11 区造像

图版 236　第 8 号龛 3-1 区造像

Ⅰ 摄影图版　225

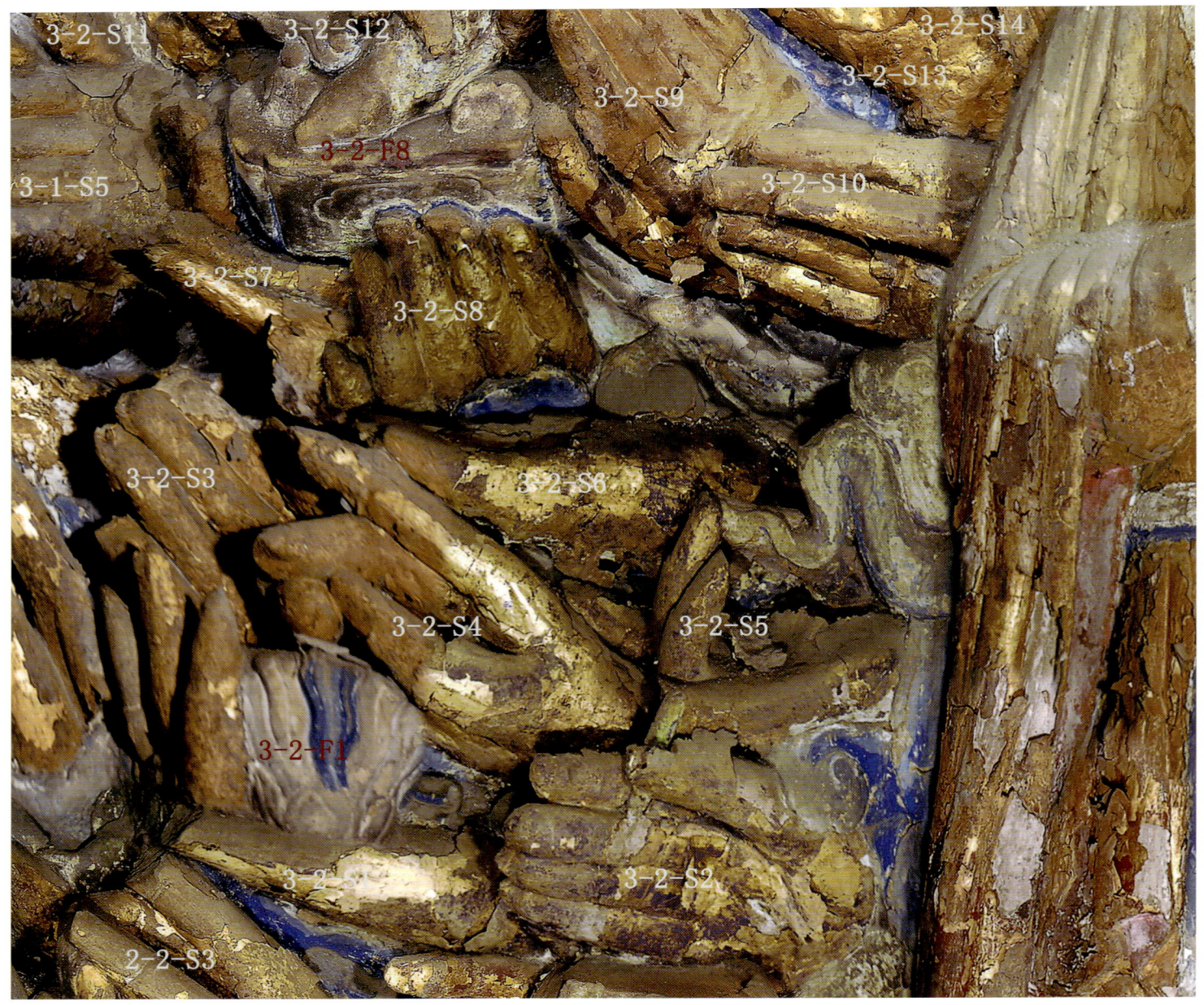

图版 237　第 8 号龛 3-2 区造像

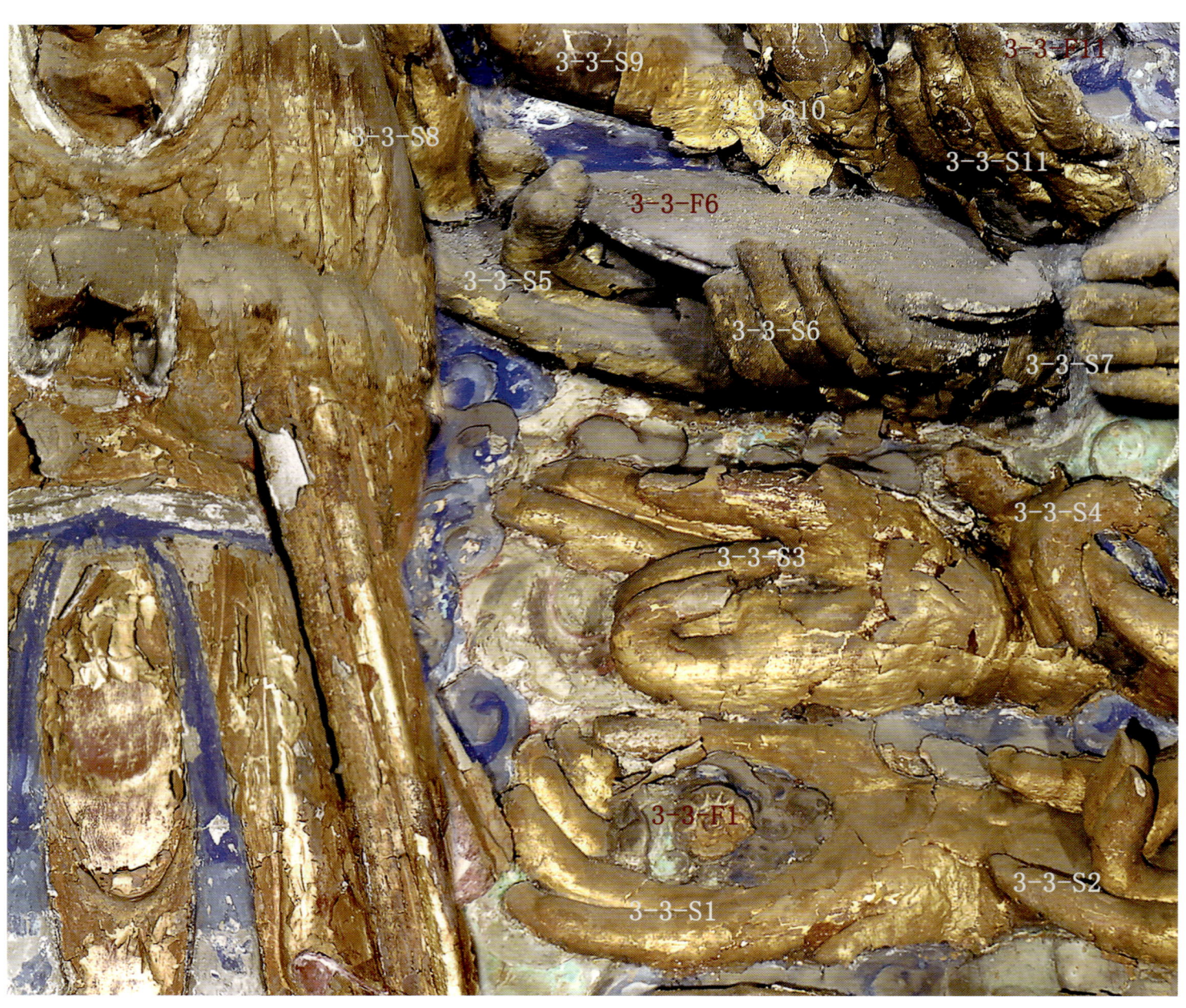

图版 238　第 8 号龛 3-3 区造像

226　大足石刻全集　第六卷（下册）

图版 239　第 8 号龛 3-4 区造像

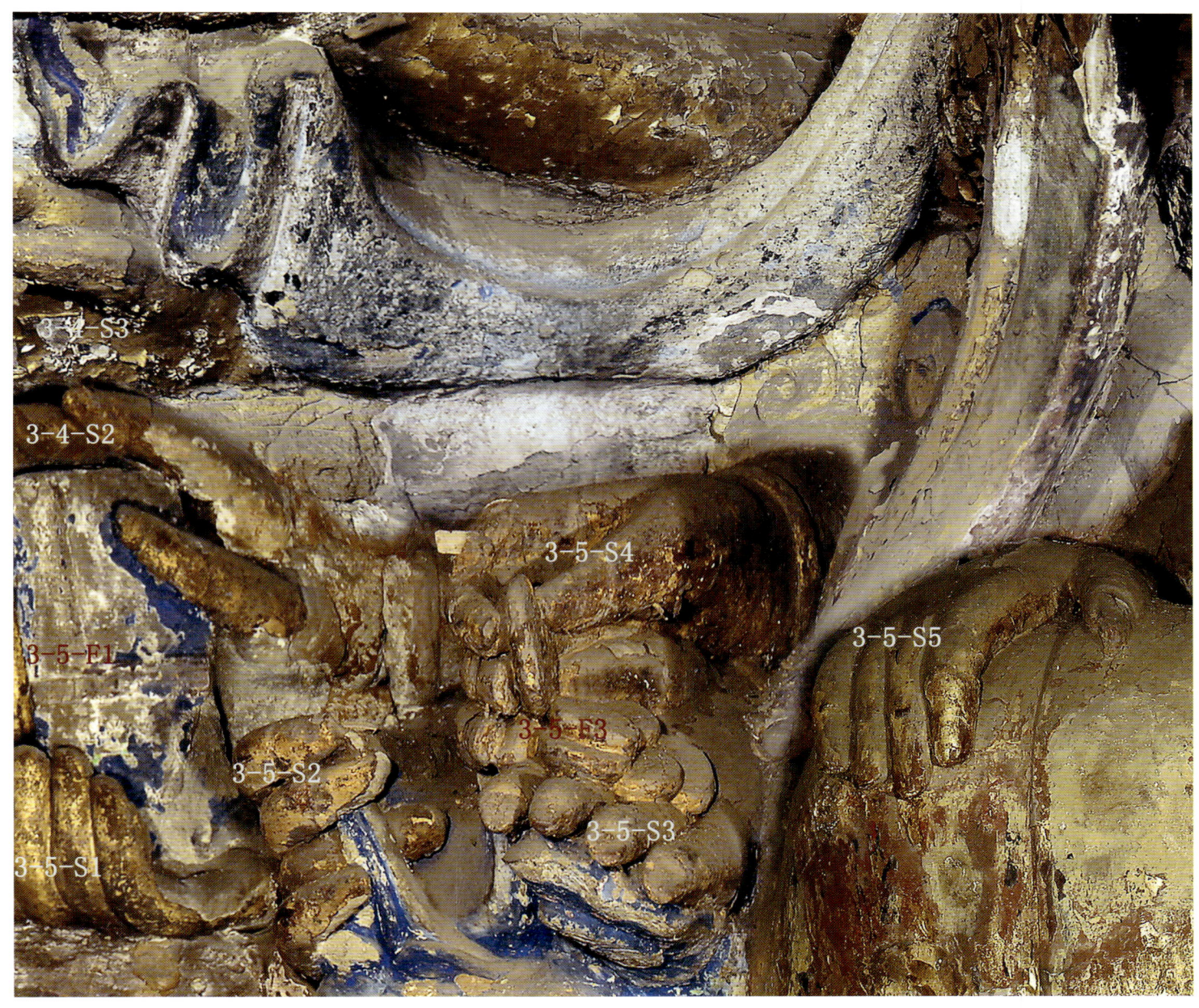

图版 240　第 8 号龛 3-5 区造像

图版 241　第 8 号龛 3-6 区造像

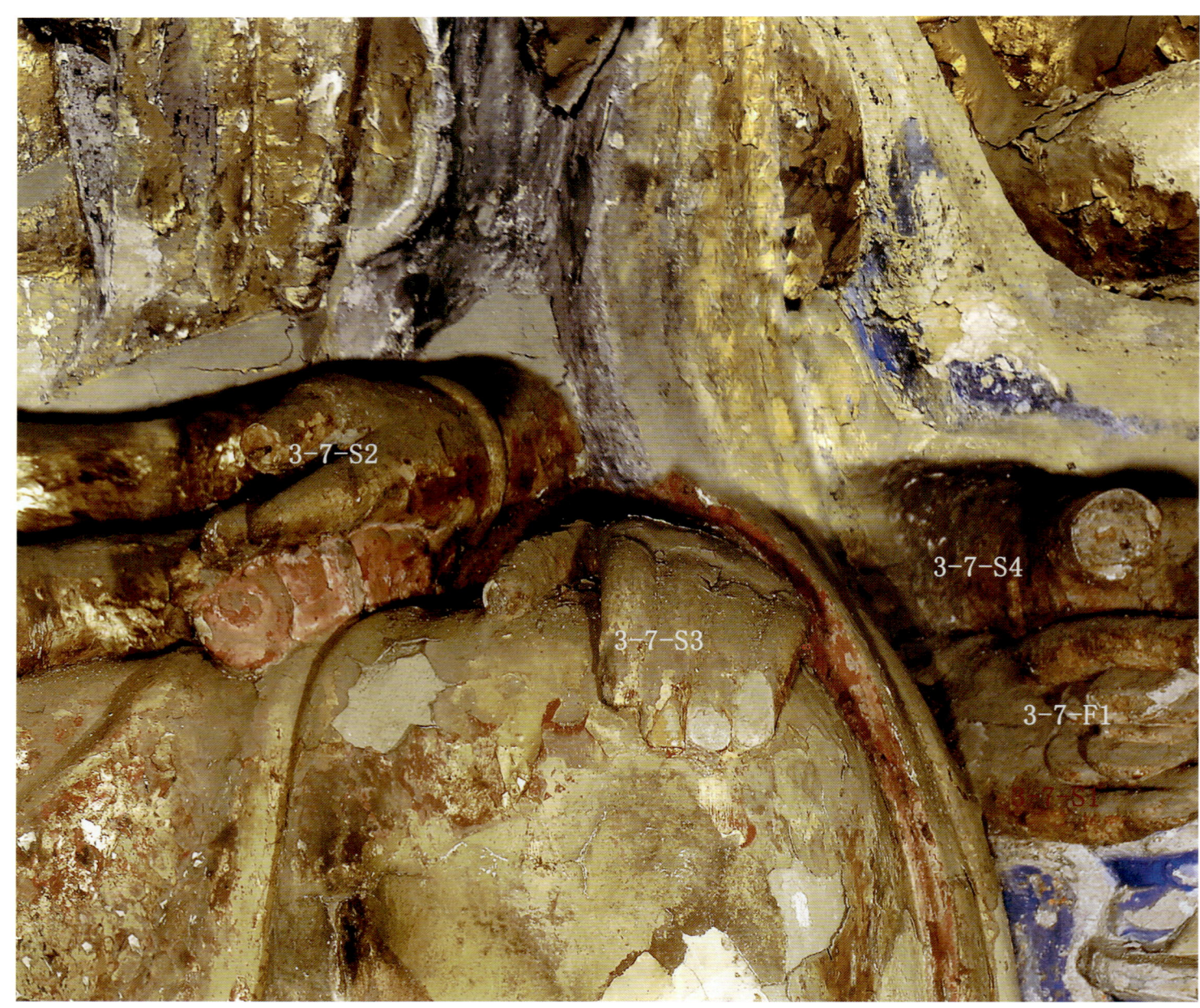

图版 242　第 8 号龛 3-7 区造像

图版 243　第 8 号龛 3-8 区造像

图版 244　第 8 号龛 3-9 区造像

图版 245　第 8 号龛 3-10 区造像

图版 246　第 8 号龛 3-11 区造像

图版247　第8号龛4-1区造像

图版248　第8号龛4-2区造像

图版 249　第 8 号龛 4-3 区造像

图版 250　第 8 号龛 4-4 区造像

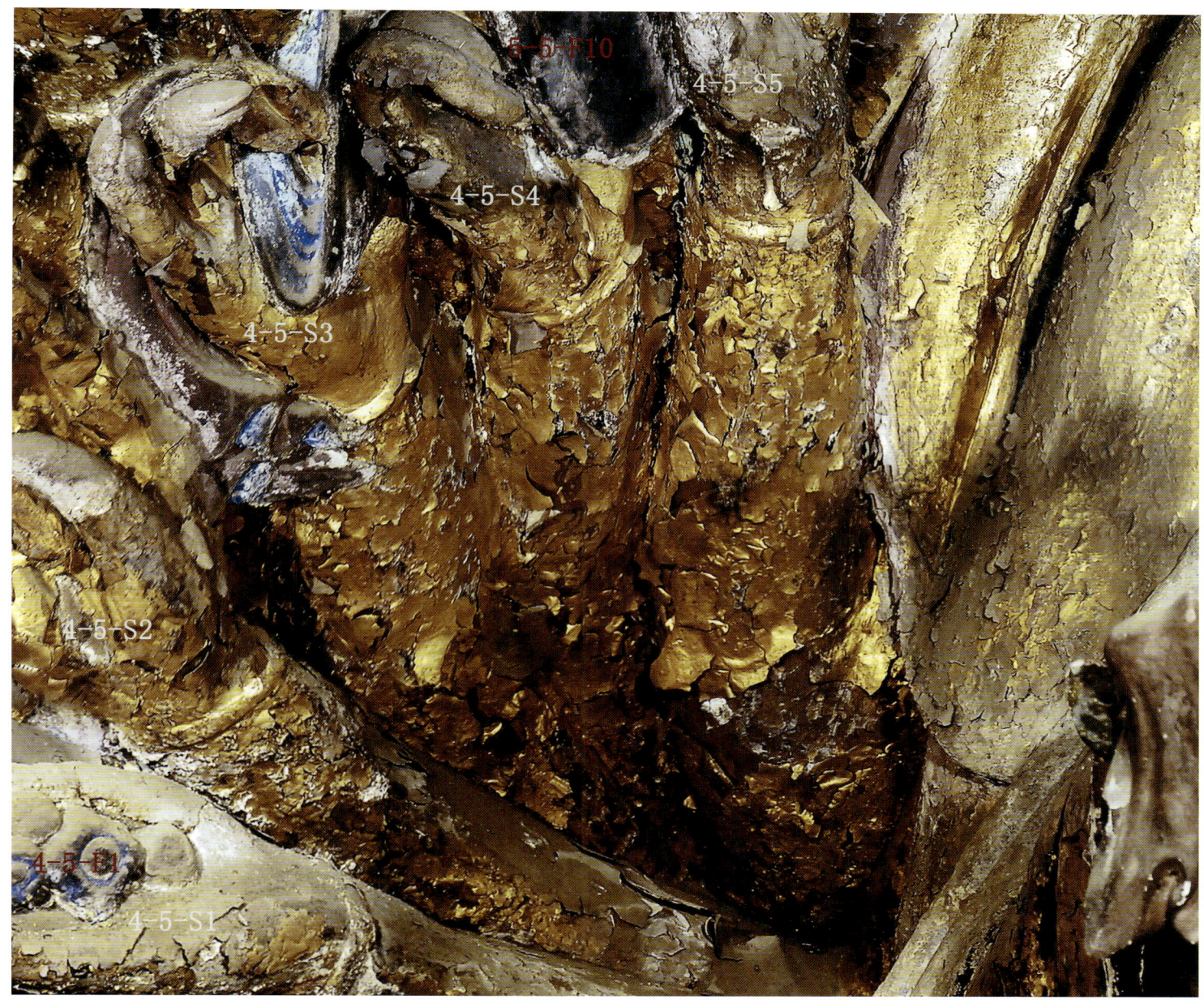

图版 251　第 8 号龛 4-5 区造像

图版 252　第 8 号龛 4-6 区造像

图版 253　第 8 号龛 4-7 区造像

图版 254　第 8 号龛 4-8 区造像

图版 255　第 8 号龛 4-9 区造像

图版 256　第 8 号龛 4-10 区造像

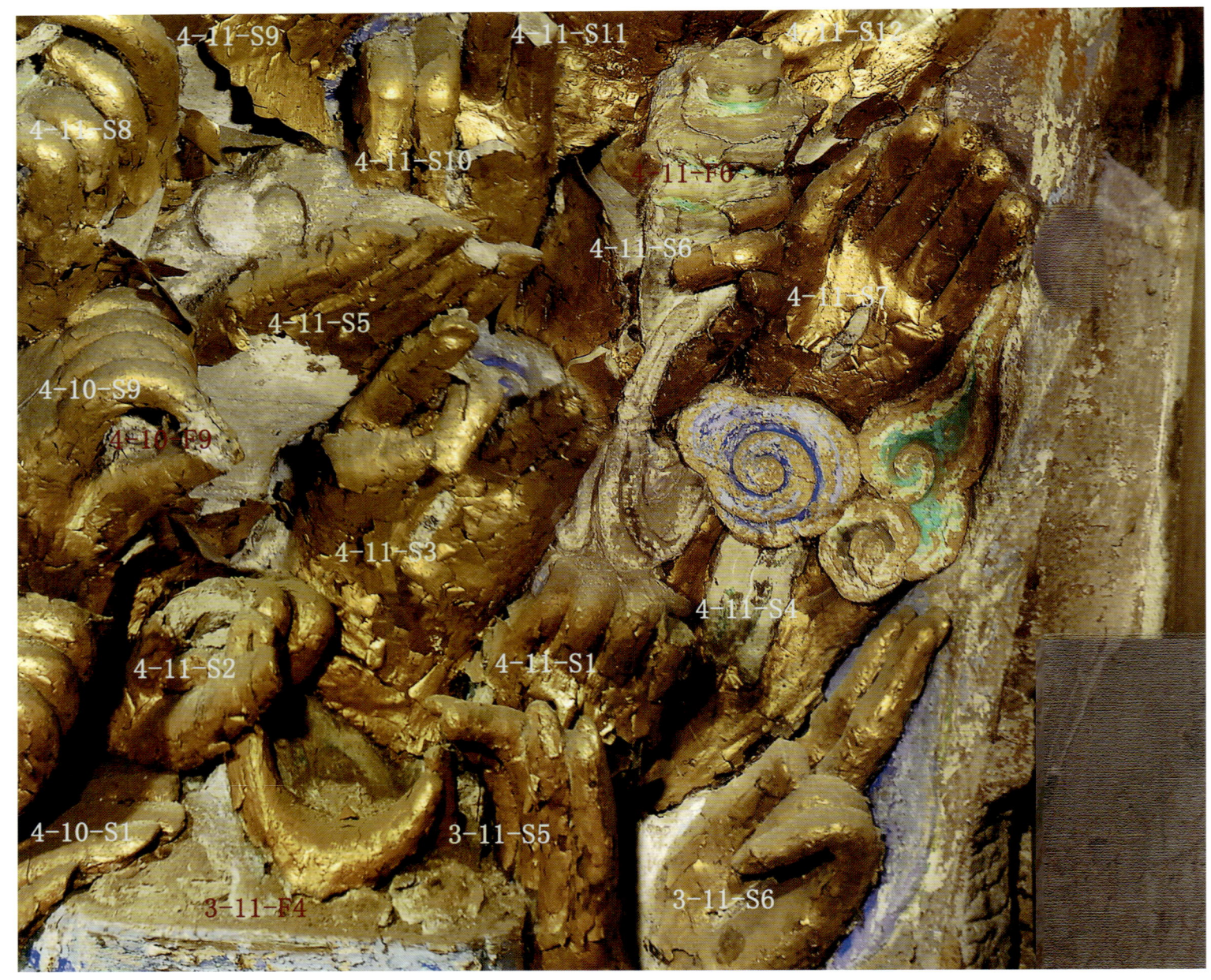

图版 257　第 8 号龛 4-11 区造像

图版 258　第 8 号龛 5-1 区造像

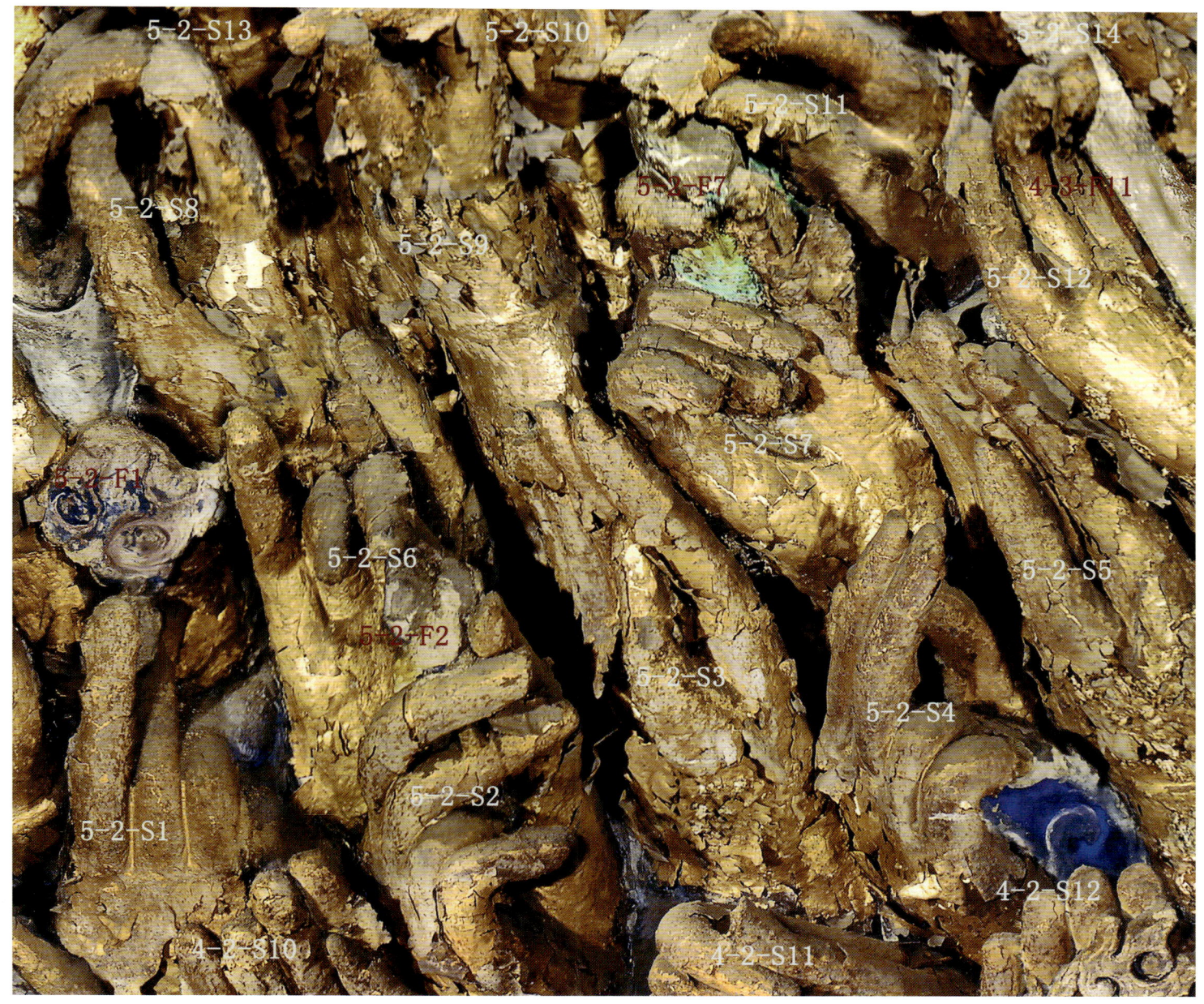

图版 259　第 8 号龛 5-2 区造像

图版 260　第 8 号龛 5-3 区造像

图版 261　第 8 号龛 5-4 区造像

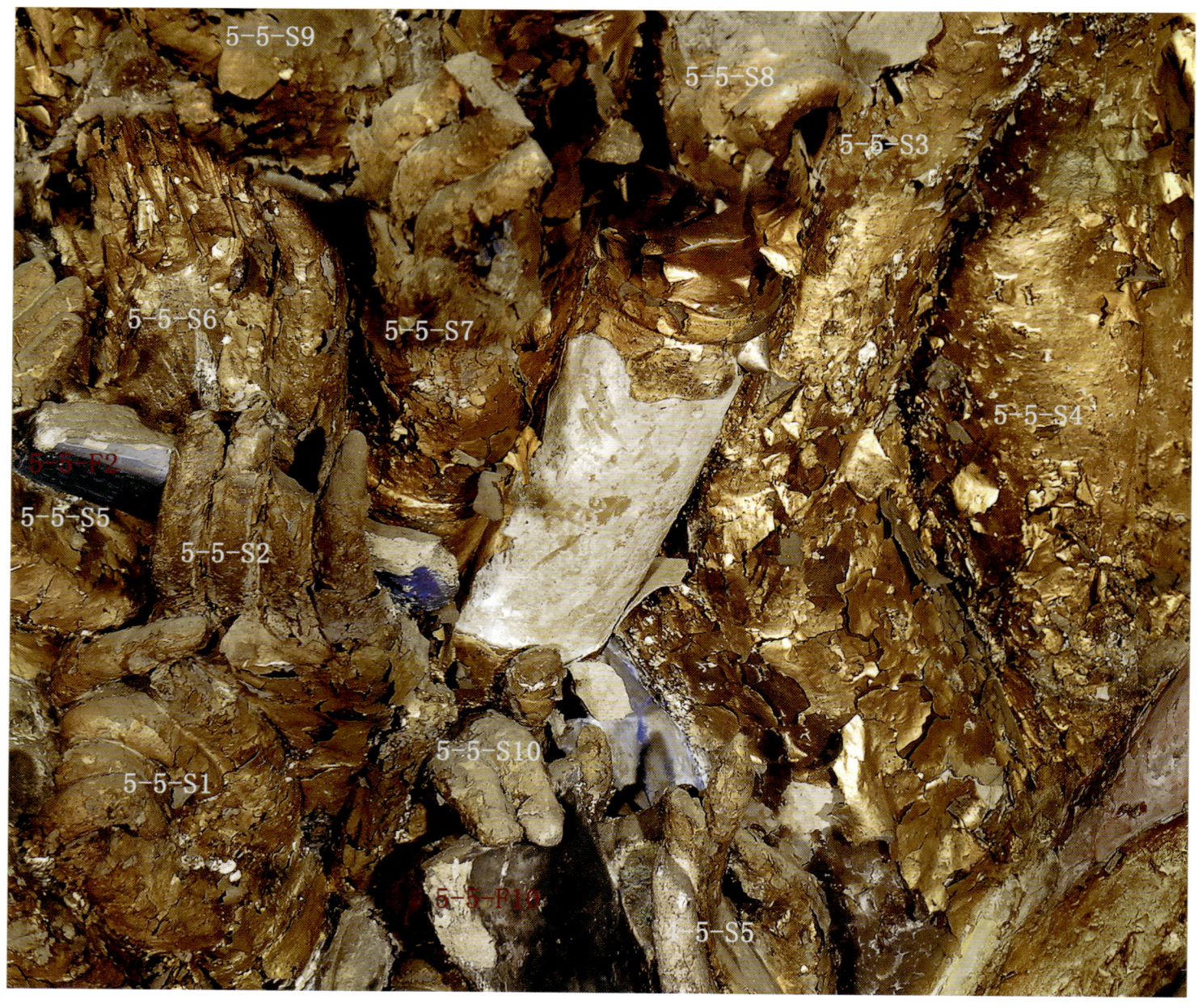

图版 262　第 8 号龛 5-5 区造像

图版 263　第 8 号龛 5-6 区造像

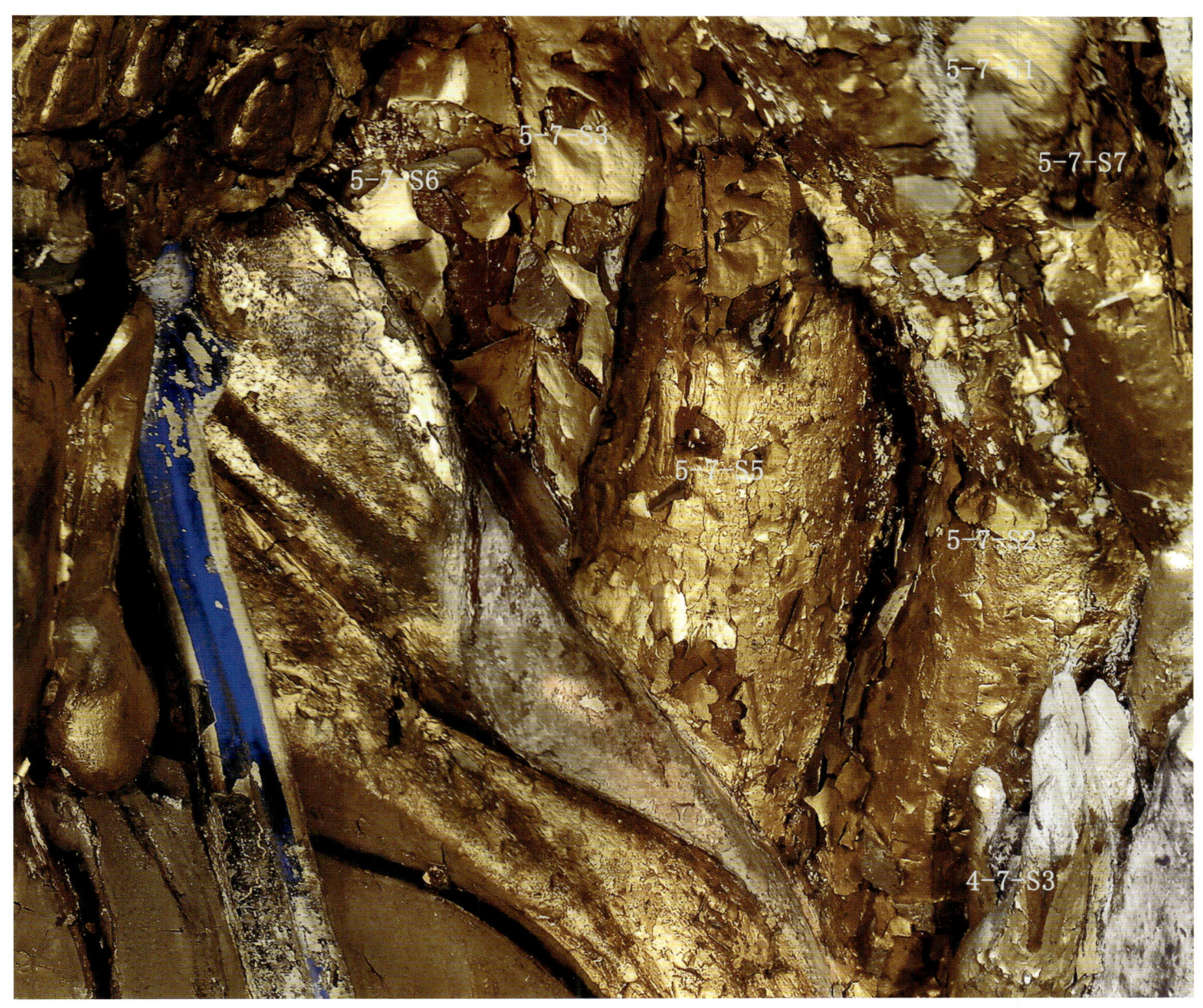

图版 264　第 8 号龛 5-7 区造像

I 摄影图版　239

图版 265　第 8 号龛 5-8 区造像

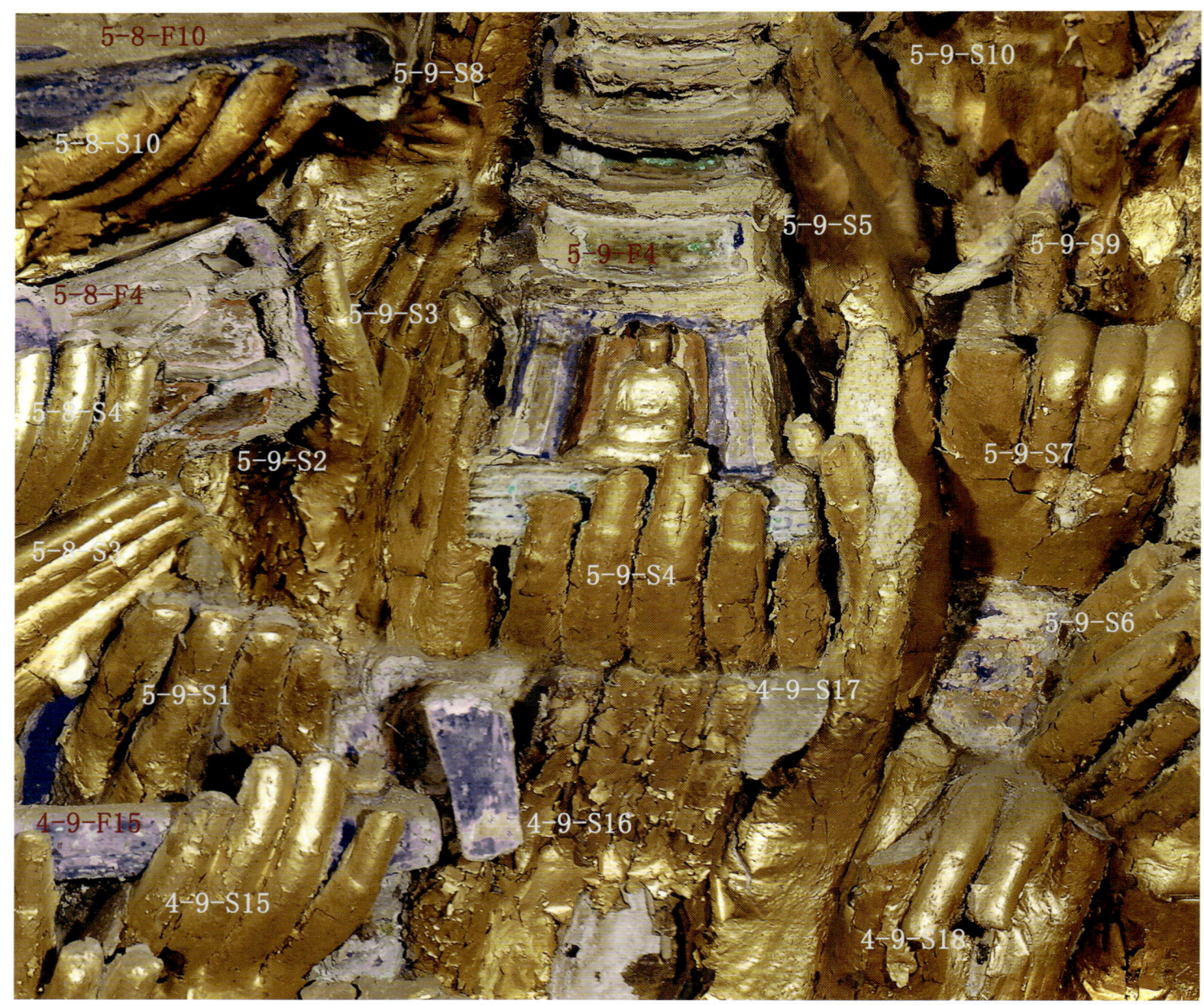

图版 266　第 8 号龛 5-9 区造像

240　大足石刻全集　第六卷（下册）

图版267　第8号龛5-10区造像

图版268　第8号龛5-11区造像

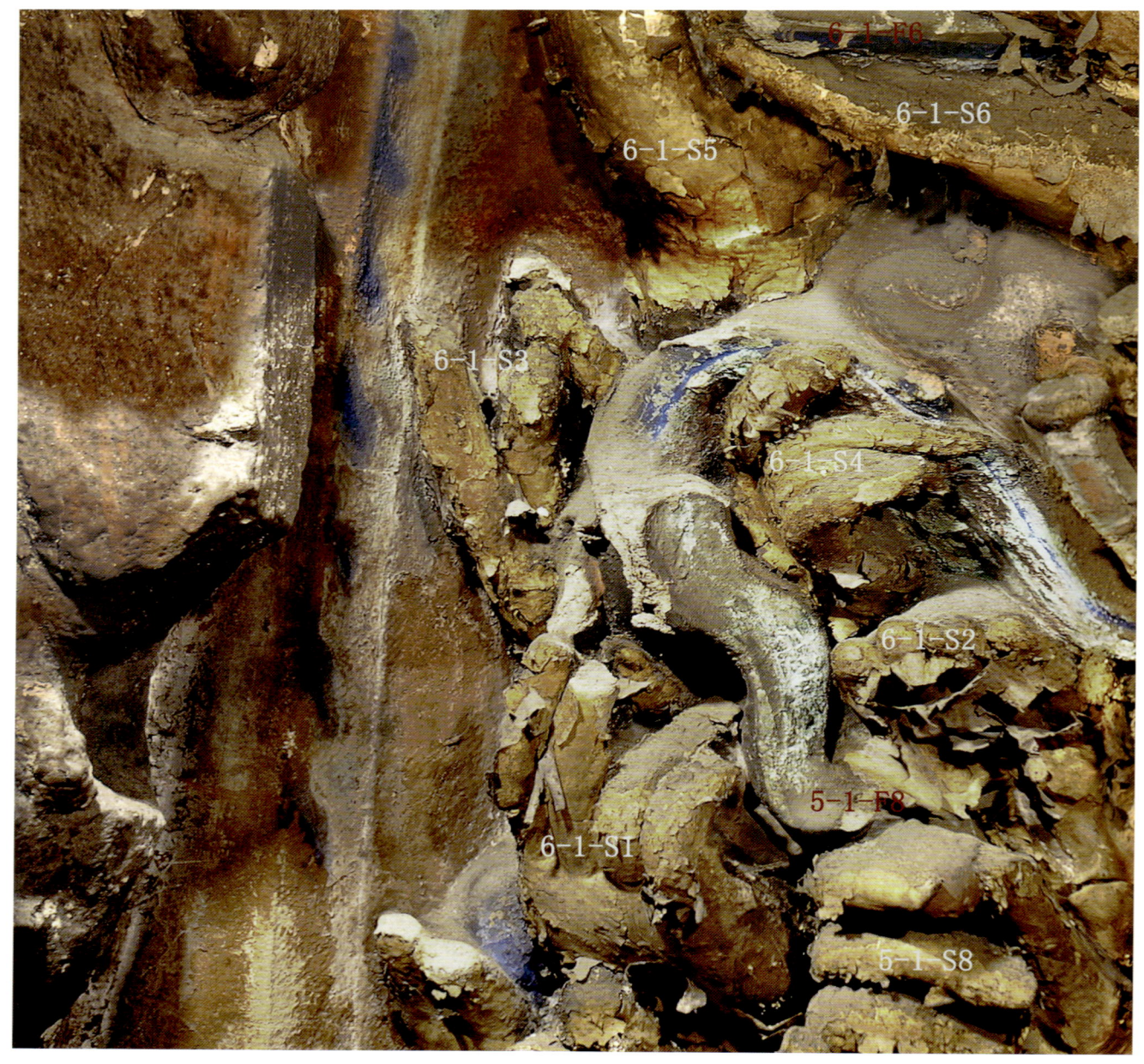

图版 269　第 8 号龛 6-1 区造像

图版 270　第 8 号龛 6-2 区造像

图版 271　第 8 号龛 6-3 区造像

图版 272　第 8 号龛 6-4 区造像

图版 273　第 8 号龛 6-5 区造像

图版 274　第 8 号龛 6-6 区造像

图版 275　第 8 号龛 6-7 区造像

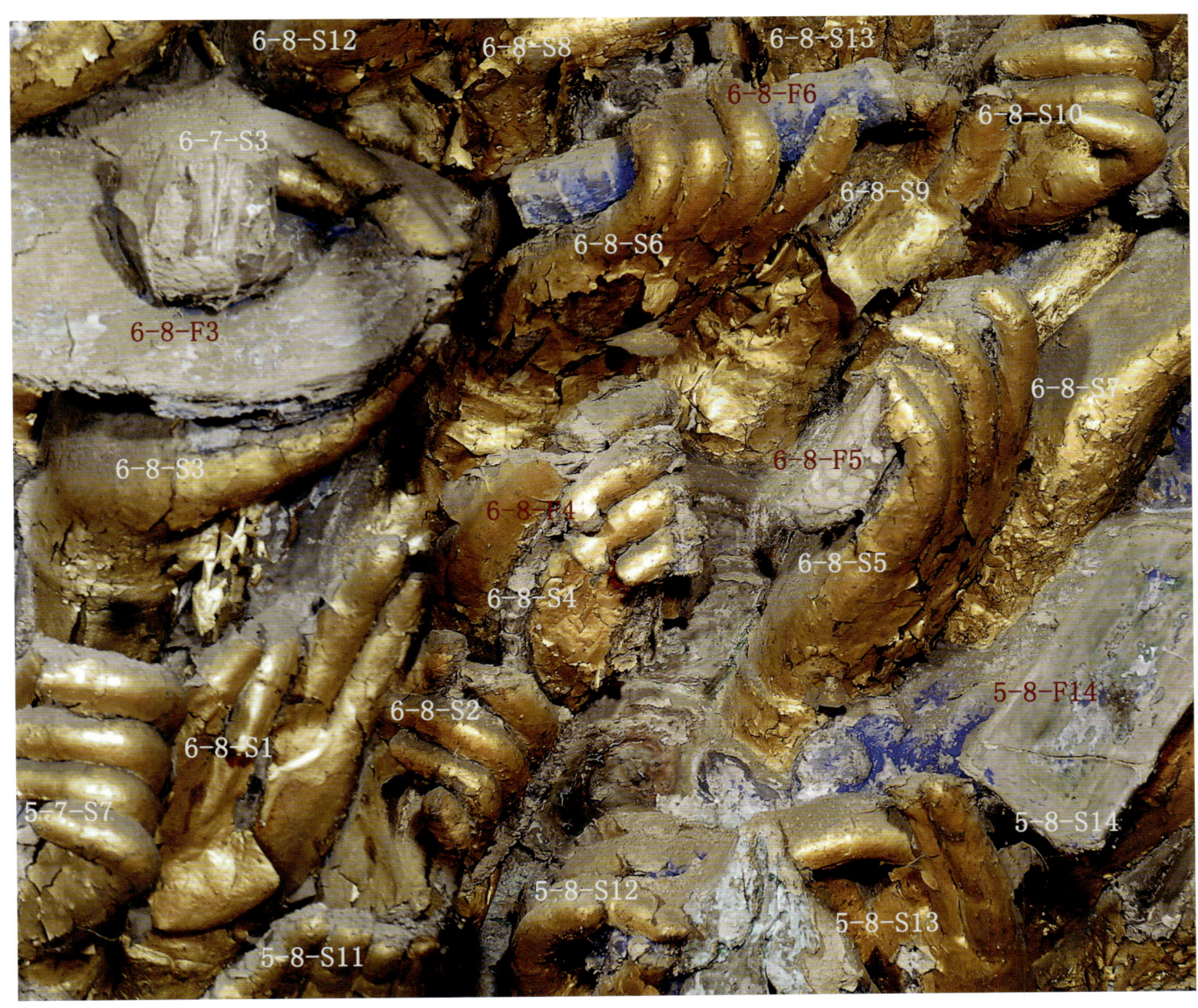

图版 276　第 8 号龛 6-8 区造像

Ⅰ 摄影图版　245

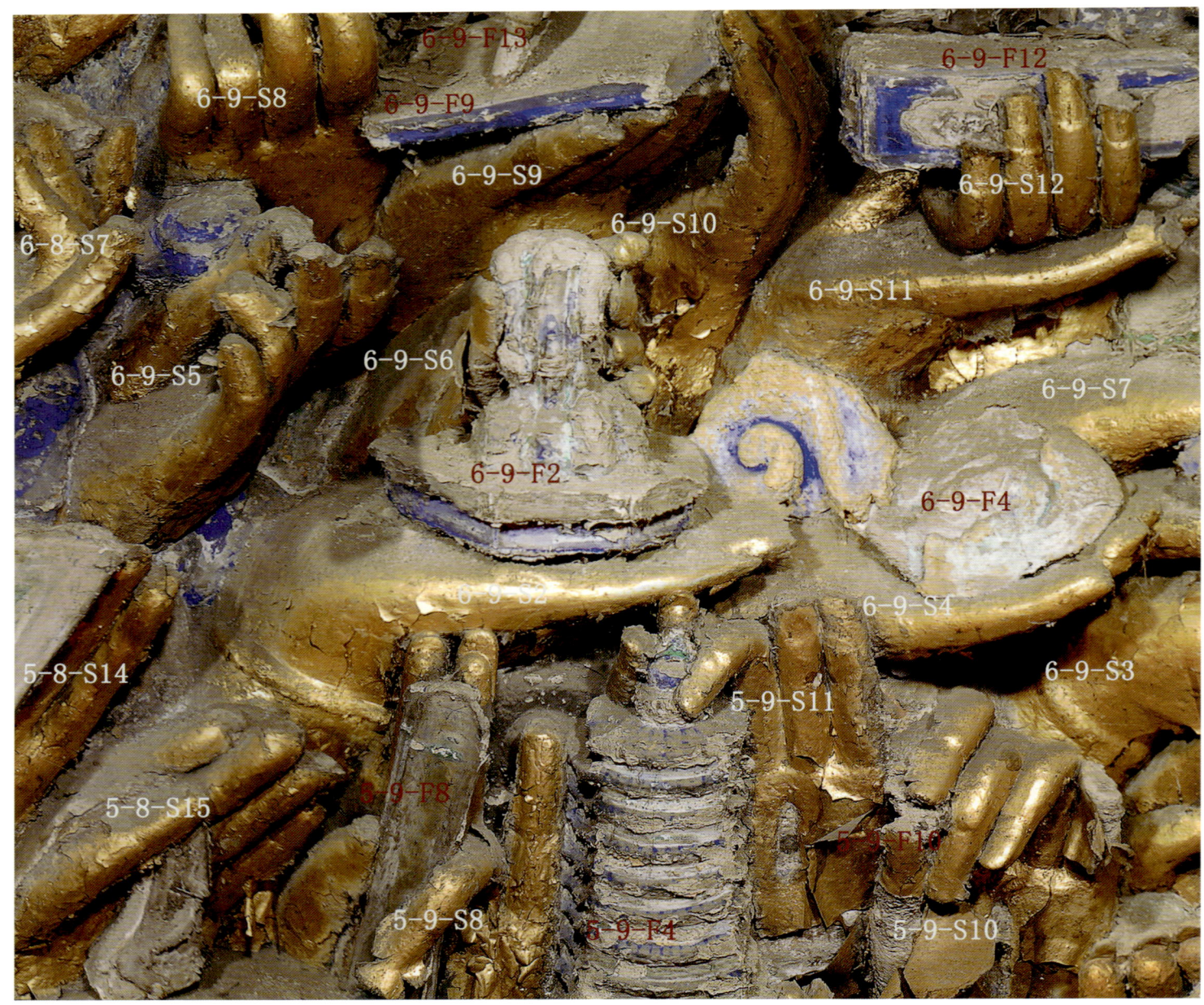

图版 277　第 8 号龛 6-9 区造像

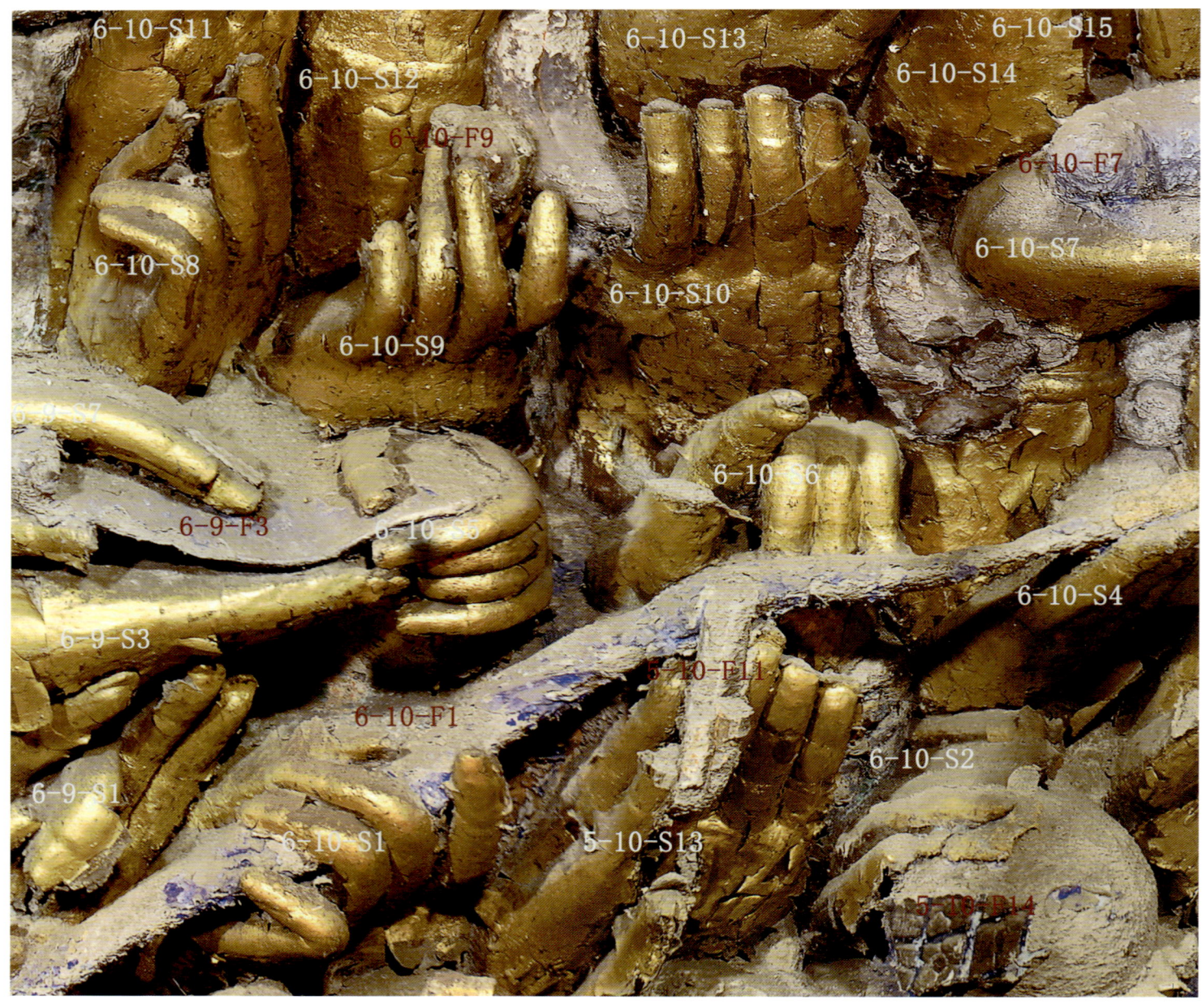

图版 278　第 8 号龛 6-10 区造像

图版279　第8号龛6-11区造像

图版280　第8号龛7-1区造像

图版 281　第 8 号龛 7-2 区造像

图版 282　第 8 号龛 7-3 区造像

图版 283　第 8 号龛 7-4 区造像

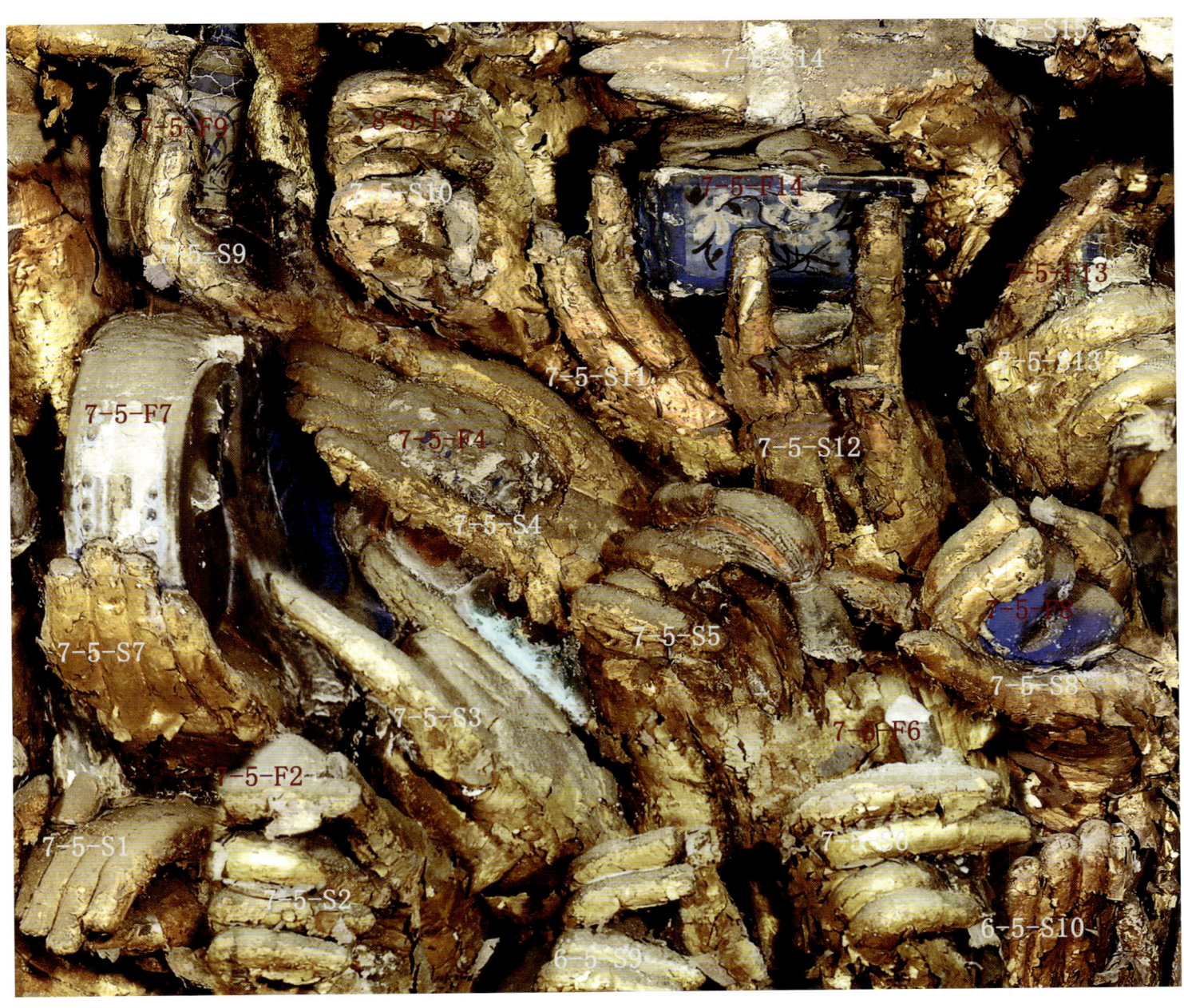

图版 284　第 8 号龛 7-5 区造像

图版 285　第 8 号龛 7-6 区造像

图版 286　第 8 号龛 7-7 区造像

图版287　第8号龛7-8区造像

图版288　第8号龛7-9区造像

Ⅰ 摄影图版　251

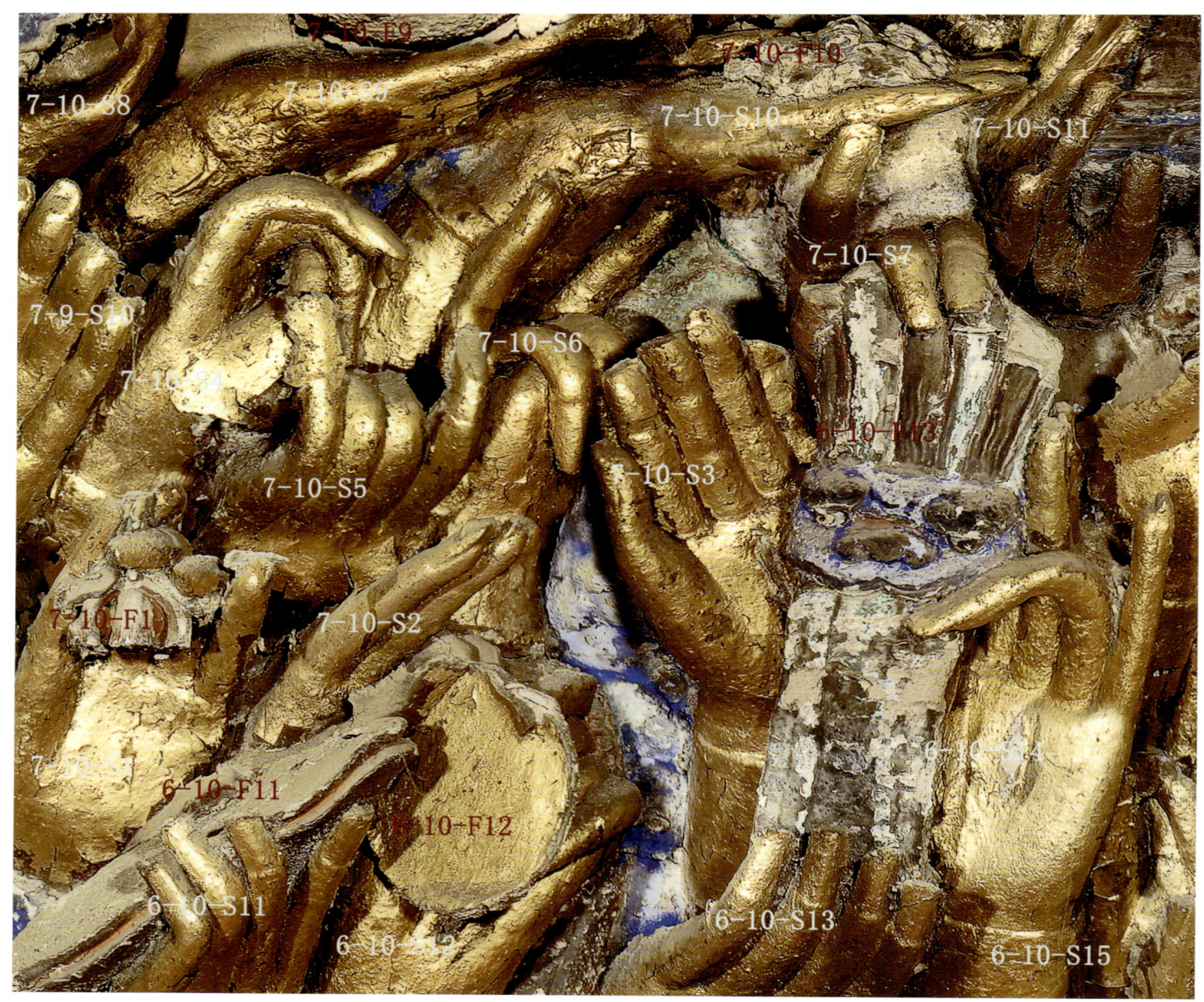

图版 289　第 8 号龛 7-10 区造像

图版 290　第 8 号龛 7-11 区造像

图版 291　第 8 号龛 8-1 区造像

图版 292　第 8 号龛 8-2 区造像

图版 293　第 8 号龛 8-3 区造像

图版 294　第 8 号龛 8-4 区造像

图版 295　第 8 号龛 8-5 区造像

图版 296　第 8 号龛 8-6 区造像

图版 297　第 8 号龛 8-7 区造像

图版 298　第 8 号龛 8-8 区造像

图版 299　第 8 号龛 8-9 区造像

图版 300　第 8 号龛 8-10 区造像

图版 301　第 8 号龛 8-11 区造像

图版 302　第 8 号龛 9-1 区造像

图版 303　第 8 号龛 9-2 区造像

图版 304　第 8 号龛 9-3 区造像

图版 305　第 8 号龛 9-4 区造像

图版 306　第 8 号龛 9-5 区造像

图版 307　第 8 号龛 9-6 区造像

图版 308　第 8 号龛 9-7 区造像

图版 309　第 8 号龛 9-8 区造像

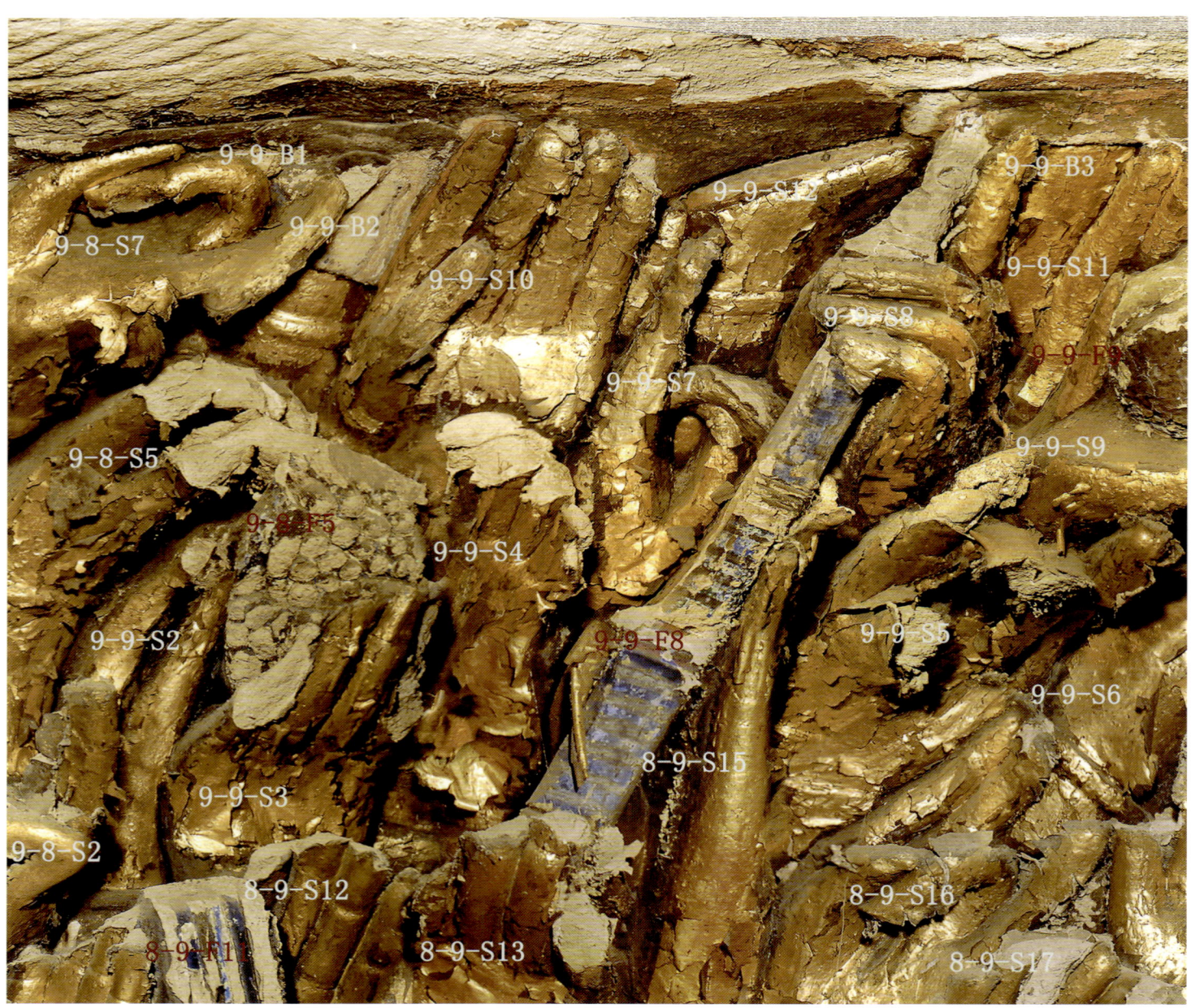

图版 310　第 8 号龛 9-9 区造像

图版 311　第 8 号龛 9-10 区造像

图版 312　第 8 号龛 9-11 区造像

I 摄影图版　263

图版 313　第 8 号龛左低坛内侧立像　　　　　　　　　　　　　图版 314　第 8 号龛左低坛外侧立像

图版 315　第 8 号龛右低坛内侧立像　　　　　　　　图版 316　第 8 号龛右低坛外侧立像

图版 317　第 8 号龛左下角穷人像

图版 318　第 8 号龛右下角饿鬼像

图版319　第8号龛龛前"大悲阁"建筑

图版 320　第 9 号龛外立面

图版 321　第 9 号龛第一层造像

图版 322　第 9 号龛第一层左侧殿阁

图版 323　第 9 号龛第一层右侧方亭

图版 324　第 9 号龛第二层造像

图版 325　第 9 号龛第二层中部建筑及造像

图版 326　第 9 号龛第二层左侧建筑

图版 327　第 9 号龛第二层右侧建筑

图版 328　第 9 号龛第三层造像

图版329　第9号龛第三层左侧建筑

图版 330　第 9 号龛第三层左侧建筑前造像

图版 331　第 9 号龛第三层左侧建筑右次间武士像

图版 332　第 9 号龛第三层右上楼阁

图版 333　第 9 号龛第三层右上楼阁左侧鸱吻

图版 334　第 9 号龛第三层右上楼阁右外侧立像

图版 335　第 9 号龛第三层右下方造像

图版336　第9号龛第四层造像

图版 337　第 9 号龛第四层左侧楼阁

图版 338　第 9 号龛第四层右侧楼阁

图版 339　第 9 号龛第四层右侧楼阁立柱前侧火焰纹

图版340　第9-1号龛外立面

图版341　第9-1号方塔第二级塔身左外侧毫光

图版 342　第 9-1 号方塔第二级塔身石外侧毫光

图版343　第10、11号龛交界壁面

图版 344　第 10 号龛外立面
赵州摄于 2007 年

图版 345　第 10 号龛龛顶

图版 346　第 10 号龛下方门楼

图版 347　第 10 号龛门楼左侧护墙

图版 348　第 10 号龛门楼右侧护墙

图版349 第10号龛门楼左护墙外侧第一组造像

图版 350　第 10 号龛门楼左护墙外侧第二组造像

图版 351　第 10 号龛门楼右护墙外侧第一组造像

图版352　第10号龛门楼右护墙外侧第二组造像

图版 353　第 10 号龛门楼左护墙内侧造像

图版354　第10号龛门楼右护墙内侧造像

图版357　第10号龛上部主殿右次间造像

图版 358　第 10 号龛上部左配殿及造像

图版 359　第 10 号龛上部左配殿屋顶上方圆轮

图版 360　第 10 号龛上部右配殿

图版 361　第 10 号龛上部右配殿上方云纹造像

图版 362　第 11 号龛外立面（由西向东）

图版 363 第 11 号龛外立面（由南向北）

图版 364 第 11 号龛外立面（由北向南）

图版 365　第 11 号龛主尊佛像头部

图版 366　第 11 号龛主尊腿部前侧左云柱下方锡杖

图版367　第11号主尊佛像身前弟子像（局部）
赵州摄于2007年

图版 368　第 11 号龛主尊佛像身前右起第 1 像

图版 369 第 11 号龛主尊佛像身前右起第 2 像

图版 370　第 11 号龛主尊佛像身前右起第 3 像

图版371　第11号龛主尊佛像身前石起第4像

图版 372 第 11 号龛主尊佛像身前右起第 5 像

图版 373　第 11 号龛主尊佛像身前右起第 6 像

图版 374　第 11 号龛主尊佛像身前右起第 7 像

图版375　第11号龛主尊佛像身前右起第8像

图版 376　第 11 号龛主尊佛像身前右起第 9 像

图版 377　第 11 号龛主尊佛像身前右起第 10 像

图版378 第11号龛主尊佛像身前右起第11像

图版 379　第 11 号龛主尊佛像身前右起第 12 像

图版380　第11号龛主尊佛像身前右起第13像

图版 381　第 11 号龛主尊佛像身前右起第 14 像

图版382　第11号龛主尊佛像前方案及造像

图版 383　第 11 号龛主尊佛前方案前侧国王像

图版 384　第 11 号龛主尊佛前方案左内侧天王像

图版385 第11号龛主尊佛前方案左外侧天王像

图版386 第11号龛主尊佛前方案右内侧天王像

图版387　第11号龛主尊佛前方案右外侧天王像

图版 388　第 11 号龛上方云台造像

图版 389　第 11 号龛上方云台居中主像

图版390　第11号龛上方云台左侧第1身立像

图版 391　第 11 号龛上方云台左侧第 2 身立像

图版 392　第 11 号龛上方云台左侧第 3 身立像

图版 393　第 11 号龛上方云台左侧第 4 身立像

图版 394　第 11 号龛上方云台右侧第 1 身立像

图版 395　第 11 号龛上方云台右侧第 2 身立像

图版 396　第 11 号龛上方云台右侧第 3 身立像　　　　图版 397　第 11 号龛上方云台右侧第 4 身立像

图版 398　第 11 号龛龛底前侧地坪"九曲黄河"排水沟

图版 399　第 12 号龛外立面

图版 400　第 12 号龛壁面下部释迦牟尼太子坐像

图版 401　第 12 号龛下部左侧天王像

图版 402　第 12 号龛下部右侧天王像

图版403　第12-1号龛外立面

图版 404　第 13、14 号

图版 405　第 12、13 号龛交界壁面

图版406　第14号窟窟外左侧崖壁（由西向东）

图版407　第14号窟窟外右侧崖壁（由东向西）

图版408 第13号龛外立面

图版 409　第 13 号龛龛底

图版 410　第 13 号龛龛顶

Ⅰ 摄影图版　361

图版411　第13号龛主尊菩萨像（正面）

图版 412　第 13 号龛主尊菩萨像（左侧面）

图版 413　第 13 号龛主尊菩萨像（右侧面）

图版 414　第 13 号龛主尊菩萨像花冠

图版 415　第 13 号龛正壁左侧造像

图版 416　第 13 号龛左侧壁造像

图版 417　第 13 号龛主尊像左侧第一组造像

图版 418　第 13 号龛主尊像左侧第二组造像

图版 419 第 13 号龛主尊像左侧第三组造像

图版 420　第 13 号龛主尊像左侧第四组造像

图版 421　第 13 号龛主尊像左侧第四组造像左侧建筑

图版 422　第 13 号龛左侧壁下部虎、龟、蛇、犬

图版 423　第 13 号龛正壁右侧造像

图版 424　第 13 号龛右侧壁造像

图版 425　第 13 号龛主尊像右侧第一组造像

图版 426　第 13 号龛主尊像右侧第二组造像

图版 427　第 13 号龛主尊像右侧第三组造像

图版428　第13号龛主尊像右侧第四组造像

图版 429　第 14 号窟外立面

图版 430　第 13、14 号间崖壁

图版431　第14号窟窟门

图版 432　第 14 号窟窟底

图版 433　第 14 号窟北壁（正壁）

图版 434　第 14 号窟东壁（左壁）

图版 435　第 14 号窟西壁（右壁）

图版 436 第 14 号窟南壁（窟口内侧壁）

I 摄影图版 389

图版 437 第 14 号窟窟顶

图版 438　第 14 号窟口左前蹲狮

图版 439　第 14 号窟口右前蹲狮

图版 440　第 14 号窟窟外东崖上部造像

图版 441　第 14 号窟窟外西崖上部造像

图版 442　第 14 号窟窟外东崖上部第 1 圆龛坐佛

图版 443　第 14 号窟窟外东崖上部第 2 圆龛坐佛

图版 444　第 14 号窟窟外东崖上部第 3 圆龛坐佛

图版 445　第 14 号窟窟外东崖上部第 4 圆龛坐佛

图版 446　第 14 号窟窟外东崖上部第 5 圆龛坐佛

图版 447　第 14 号窟窟外东崖上部第 6 圆龛坐佛

图版 448　第 14 号窟窟外东崖上部第 7 圆龛坐佛

图版 449　第 14 号窟窟外东崖上部第 8 圆龛坐佛

图版 450　第 14 号窟窟外西崖上部第 1 圆龛坐佛

图版 451　第 14 号窟窟外西崖上部第 2 圆龛坐佛

图版 452　第 14 号窟窟外西崖上部第 3 圆龛坐佛

图版 453　第 14 号窟窟外西崖上部第 4 圆龛坐佛

图版 454　第 14 号窟窟外西崖上部第 5 圆龛坐佛

图版 455　第 14 号窟窟外西崖上部第 6 圆龛坐佛

图版 456　第 14 号窟窟外西崖上部第 7 圆龛坐佛

图版 457　第 14 号窟窟外西崖上部第 8 圆龛坐佛

图版 458　第 14 号窟窟外东崖下部内侧天王像

图版 459　第 14 号窟窟外东崖下部外侧天王像

图版 460　第 14 号窟窟外西崖下部内侧天王像

图版 461　第 14 号窟窟外西崖下部外侧天王像

图版 462　第 14 号窟室内北壁转轮经藏东南面、东面

图版463 第14号窟室内北壁转轮经藏西南面、西面

图版 464　第 14 号窟室内转轮经藏基座

图版465　第14号窟室内转轮经藏基座左起第1身力士像

图版 466　第 14 号窟室内转轮经藏基座左起第 3 身力士像

图版 467　第 14 号窟室内转轮经藏基座左起第 4 身力士像

图版 468　第 14 号窟室内转轮经藏南面莲座、平座、勾栏

图版 469　第 14 号窟室内转轮经藏东南面及东面莲座、平座、勾栏

图版 470　第 14 号窟室内转轮经藏西南面莲座、平座、勾栏

图版 471　第 14 号窟室内转轮经藏西面莲座、平座、勾栏

Ⅰ 摄影图版　425

图版 472　第 14 号窟室内转轮经藏平座南面壸门造像

图版 473　第 14 号窟室内转轮经藏平座东南面壸门造像

图版 474　第 14 号窟室内转轮经藏平座西南面壸门造像

图版 475　第 14 号窟室内转轮经藏平座勾栏东侧伎乐像

图版 476　第 14 号窟室内转轮经藏平座勾栏西侧伎乐像

图版 477　第 14 号窟室内转轮经藏南面帐身

图版 478　第 14 号窟室内转轮经藏东南面帐身

图版479 第14号窟室内转轮经藏西南面帐身

图版480　第14号窟室内转轮经藏东面帐身

图版 481　第 14 号窟室内转轮经藏西面帐身

图版 482　第 14 号窟室内转轮经藏南面帐身左帐柱

图版 483　第 14 号窟室内转轮经藏南面帐身石帐柱

图版 484　第 14 号窟室内转轮经藏东面帐身右帐柱

图版 485　第 14 号窟室内转轮经藏西面帐身左帐柱

图版 486　第 14 号窟室内转轮经藏南面仰阳板、欢门云纹童子像

图版 487　第 14 号窟室内转轮经藏东南面仰阳板、欢门云纹童子像

图版488　第14号窟室内转轮经藏西南面仰阳板、欢门云纹童子像

图版 489　第 14 号窟室内转轮经藏东面仰阳板

图版 490　第 14 号窟室内转轮经藏西面仰阳板

图版 491　第 14 号窟室内转轮经藏帐身南面欢门内坐佛像

图版 492　第 14 号窟室内转轮经藏帐身东南面欢门内经匣

图版 493　第 14 号窟室内转轮经藏帐身西南面欢门内经匣

图版494　第14号窟室内转轮经藏帐身东面欢门内坐佛像

图版 495 第 14 号窟室内转轮经藏帐身西面欢门内坐佛像

图版 496　第 14 号窟室内转轮经藏西南面帐檐

图版 497　第 14 号窟室内转轮经藏帐檐上方平座南面

Ⅰ 摄影图版　449

图版 498　第 14 号窟室内转轮经藏天宫楼阁

图版 499 第 14 号窟室内转轮经藏居中天宫楼阁

图版 500　第 14 号窟室内转轮经藏东侧第一座天宫楼阁

图版 501　第 14 号窟室内转轮经藏东侧第二座天宫楼阁

图版 502　第 14 号窟室内转轮经藏东侧第三座天宫楼阁

图版 503　第 14 号窟室内转轮经藏西侧第一座天宫楼阁

图版 504　第 14 号窟室内转轮经藏西侧第二座天宫楼阁

图版 505　第 14 号窟室内转轮经藏西侧第三座天宫楼阁

图版 506　第 14 号窟室内东壁及南壁东侧第一组造像

图版 507　第 14 号窟室内东壁及南壁东侧第一组中下部造像

图版508　第14号窟室内东壁及南壁东侧第一组中下部菩萨像前侧立像

图版 509　第 14 号窟室内东壁及南壁东侧第一组上部坐佛

图版510　第14号窟室内东壁及南壁东侧第三组造像

图版 511　第 14 号窟室内东壁及南壁东侧第四组造像

图版 512　第 14 号窟室内东壁及南壁东侧第四组中下部一佛二菩萨主尊像

图版 513　第 14 号窟室内东壁及南壁东侧第四组中下部主尊佛像

图版 514　第 14 号窟室内东壁及南壁东侧第四组中下部主尊佛像左侍者像

图版 515　第 14 号窟室内东壁及南壁东侧第四组中下部主尊佛像右侍者像

图版 516　第 14 号窟室内东壁及南壁东侧第四组中下部左主尊菩萨像

图版 517　第 14 号窟室内东壁及南壁东侧第四组中下部左主尊菩萨像下方象奴像

图版 518　第 14 号窟室内东壁及南壁东侧第四组中下部右主尊菩萨座下狮子及狮奴像

图版 519　第 14 号窟室内东壁及南壁东侧第四组下部菩萨、武士像

图版520　第14号窟室内东壁及南壁东侧第四组下部左武士像

图版521　第14号窟室内东壁及南壁东侧第四组下部右武士像

图版 522　第 14 号窟室内东壁及南壁东侧第四组造像上部楼阁及造像

图版 523　第 14 号窟室内东壁及南壁东侧第四组上部坐佛像及手臂

图版 524　第 14 号窟室内东壁及南壁东侧第四组上部童子像

图版 525　第 14 号窟室内西壁及南壁西侧第一组造像

图版 526　第 14 号窟室内西壁及南壁西侧第一组中下部一佛二菩萨主尊像

图版527　第14号窟室内西壁及南壁西侧第一组中下部主尊佛像

图版 528　第 14 号窟室内西壁及南壁西侧第一组中下部左主尊菩萨像

图版 529　第 14 号窟室内西壁及南壁西侧第一组中下部右主尊菩萨像

图版 530　第 14 号窟室内西壁及南壁西侧第一组下部造像

图版 531　第 14 号窟室内西壁及南壁西侧第一组上部坐佛

图版 532　第 14 号窟室内西壁及南壁西侧第二组造像

图版533 第14号窟室内西壁及南壁西侧第二组一佛二菩萨主尊像

图版 534　第 14 号窟室内西壁及南壁西侧第二组中下部主尊佛像

图版535 第14号窟室内西壁及南壁西侧第二组中下部右主尊菩萨像

图版 536　第 14 号窟室内西壁及南壁西侧第二组下部造像

图版 537　第 14 号窟室内西壁及南壁西侧第二组上部造像

图版 538　第 14 号窟室内西壁及南壁西侧第二组上部坐佛及立像

图版 539 第 14 号窟室内西壁及南壁西侧第二组上部楼阁

图版540　第14号窟室内西壁及南壁西侧第三组造像

图版 541　第 14 号窟室内西壁及南壁西侧第三组中下部一佛二菩萨主尊像

图版 542　第 14 号窟室内西壁及南壁西侧第三组中下部主尊佛像

图版 543　第 14 号窟室内西壁及南壁西侧第三组中下部右主尊菩萨像

图版544 第14号窟室内西壁及南壁西侧第三组下部左立式菩萨像

图版 545 第 14 号窟室内西壁及南壁西侧第三组下部右立式菩萨像

图版546　第14号窟室内西壁及南壁西侧第三组上部造像

图版547　第14号窟室内西壁及南壁西侧第四组造像

图版548　第14号窟室内西壁及南壁西侧第四组中下部一佛二菩萨主尊像

图版 549　第 14 号窟室内西壁及南壁西侧第四组下部造像

图版550 第14号窟室内西壁及南壁西侧第四组中下部主尊佛像

图版551　第14号窟室内西壁及南壁西侧第四组中下部右主尊菩萨像

图版 552 第 14 号窟室内西壁及南壁西侧第四组下部左武士像

图版 553　第 14 号窟室内西壁及南壁西侧第四组下部石武士像

图版554　第14号窟室内西壁及南壁西侧第四组上部楼阁

图版 555　第 14 号窟室内西壁及南壁西侧第四组上部坐佛

图版 556　第 14 号窟室内西壁及南壁西侧第四组上部童子像

图版 557　第 14 号窟室内南壁上部飞天像

II 铭文图版

图版1　第2号龛《大藏佛说守护大千国土经》经文

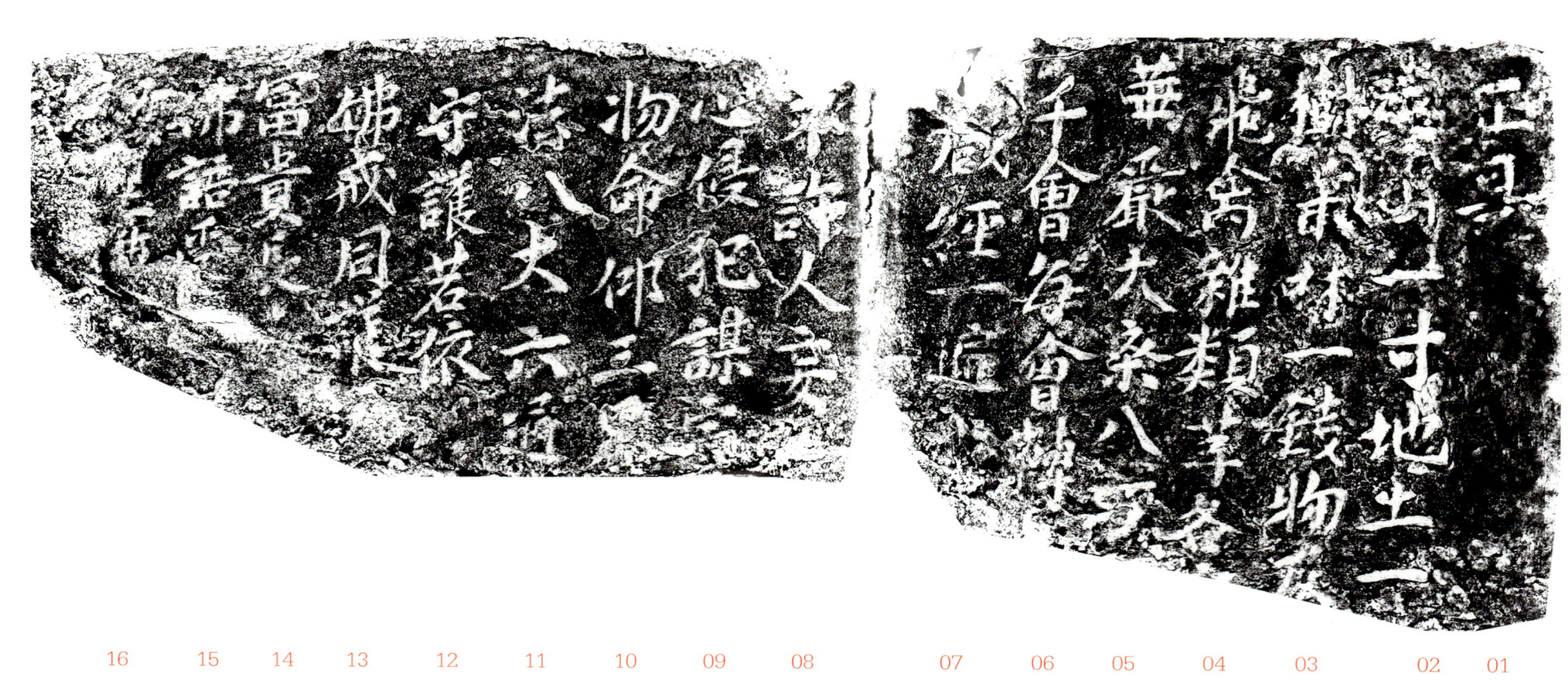

图版1　第2号龛《大藏佛说守护大千国土经》经文

图版2　第3号龛左上方偈语

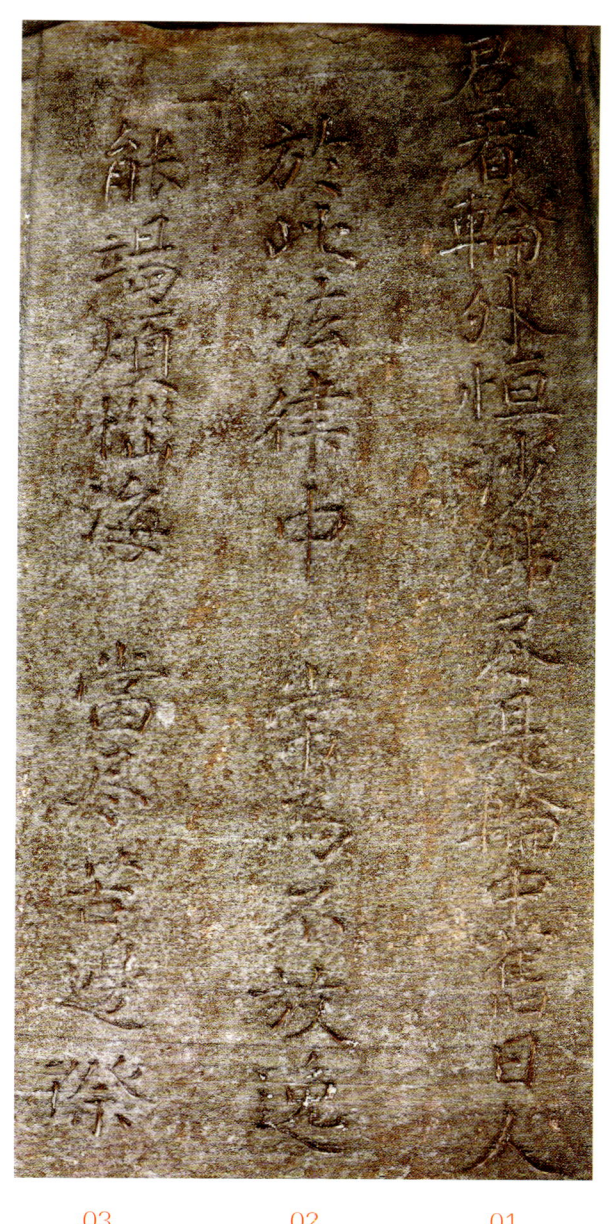

图版3　第3号龛右上方偈语

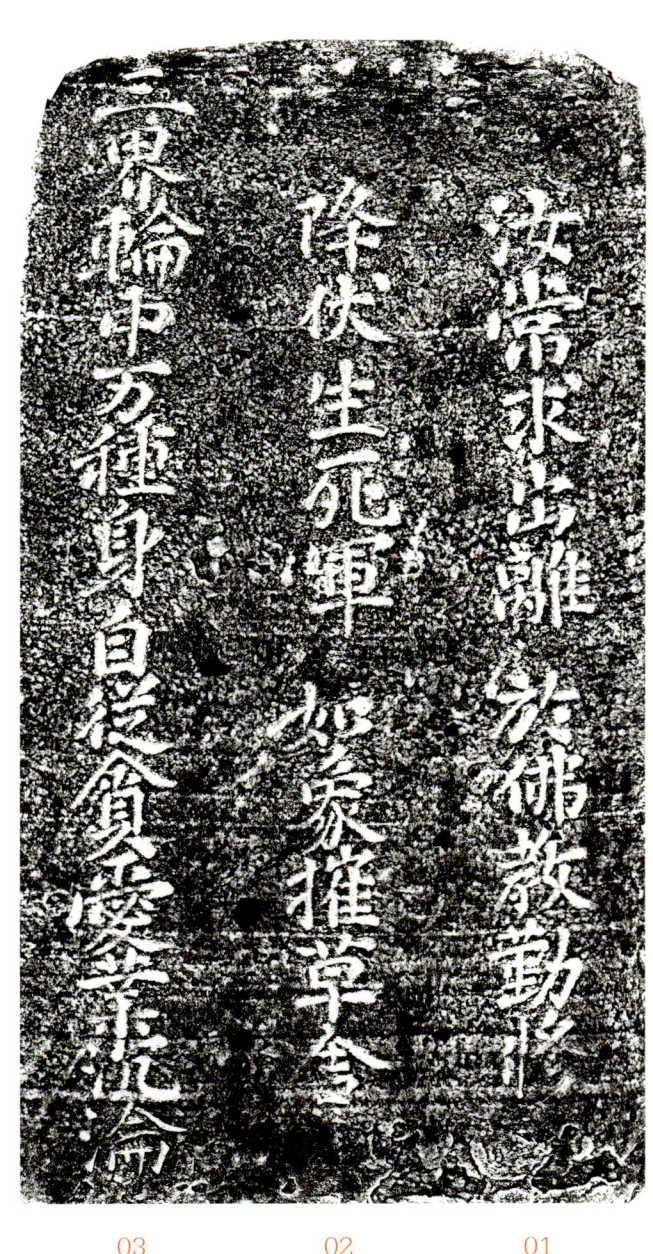

图版2　第3号龛左上方偈语

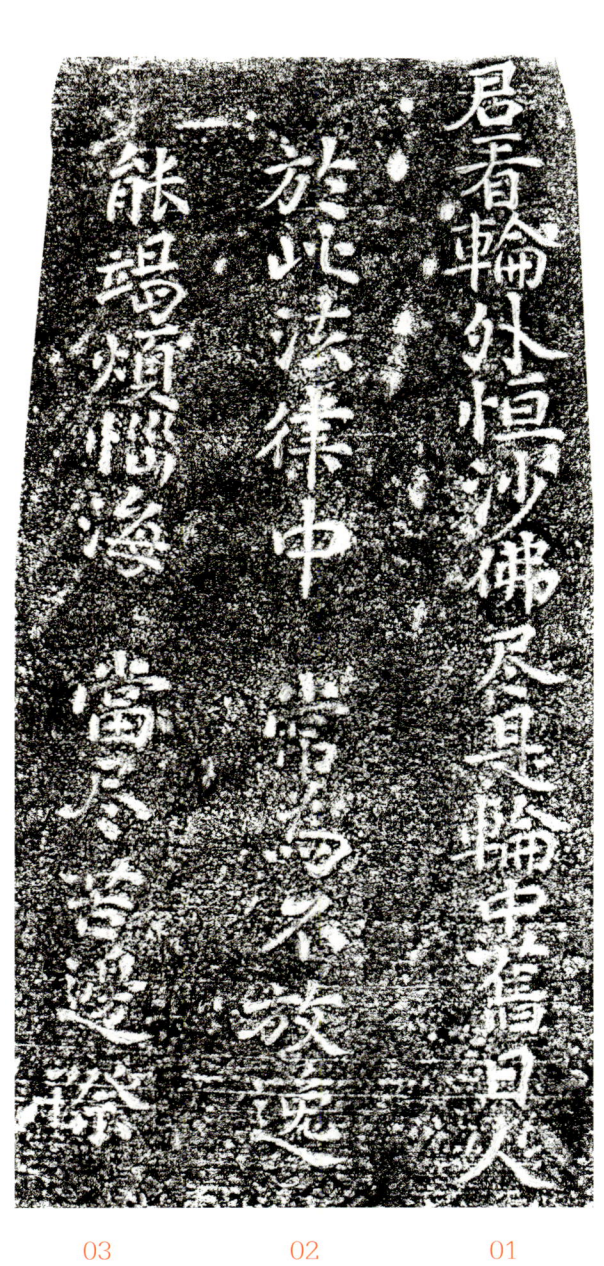

图版3　第3号龛右上方偈语

图版 4　第 4 号龛"广大宝楼阁"题名

图版 4　第 4 号龛"广大宝楼阁"题名

图版 5　第 4 号龛杜孝严书"宝顶山"题刻

图版 5　第 4 号龛杜孝严书"宝顶山"题刻

06　　05　　04　　03　　02　　01

图版 6　第 4 号龛僧觉□妆彩残记

06　　05　　04　　03　　02　　01

图版 6　第 4 号龛僧觉□妆彩残记

图版 7　第 4 号龛戴光升装彩记

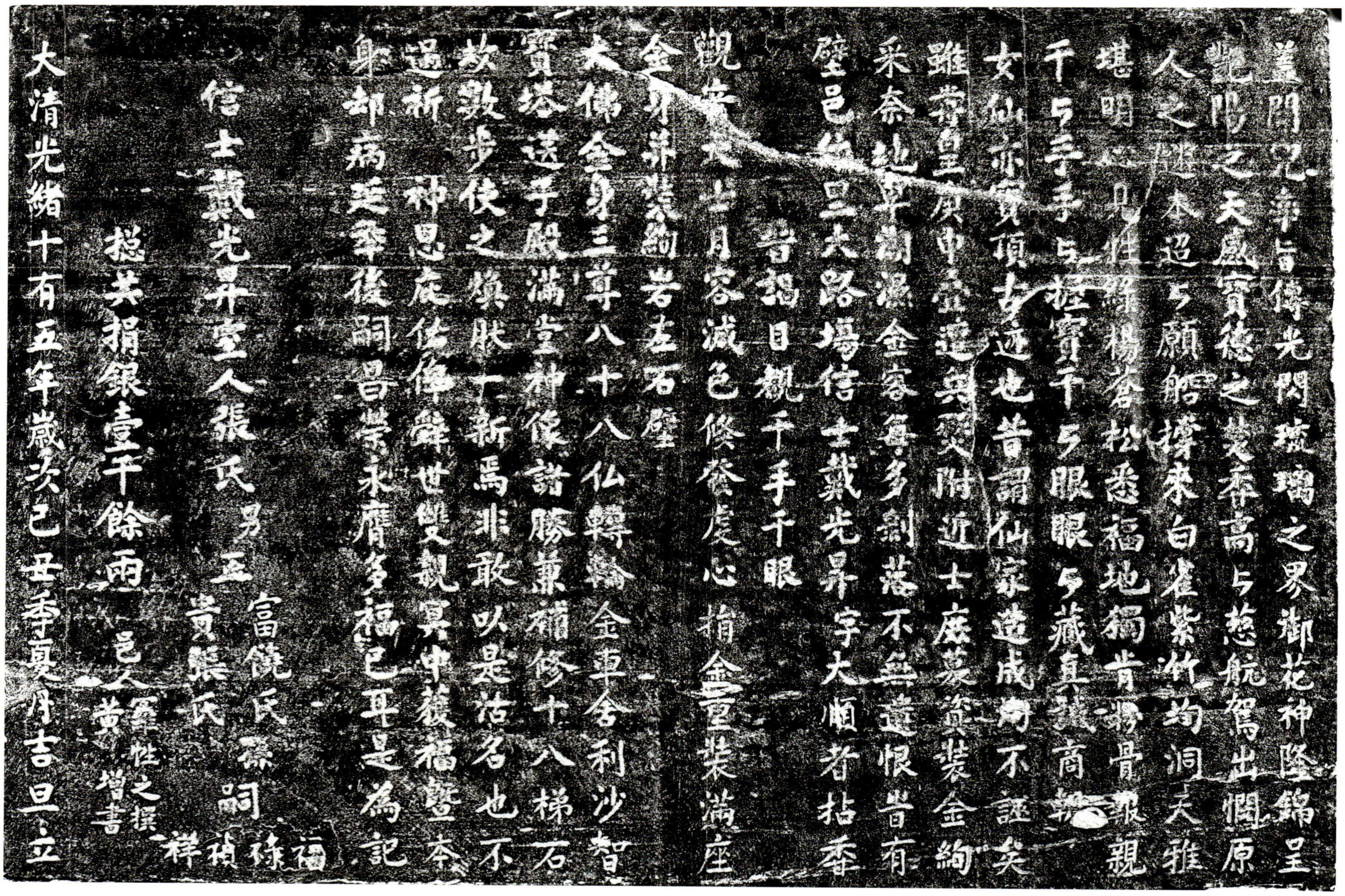

盖闻兄弟与传光闪神琉璃之众御花神隆锦呈觉阳之天盛宝德之慈奉高与慈航驾出憫原人之悲超与愿船撑来白雀紫竹均洞天雅堪明以佳罗杨苍松远福地独骨骸真亲千与手坚挫宝千眼5藏奠商都一女仙亦宝顶女这也普调仙家遣成苟不谩矣采奈地早勒源金容每多副落不无恨誓有壁邑须顶旦夫路场信士戴光昇宇大顺者拈香观音大士十月容减色倏参庆心捐金壹装满座金身异装绚若杰石壁昔竭日观千手千眼太佛金身三尊八十八仙转翰金车舍利沙智宝塔送于殿满堂神像诸胜兼补修十八梯石数步使之颈肤丁新焉非敢以是沽名也不遇祈神恩庇佑僻世双觐真中复福鼍身邸病延年後嗣昌荣永膺多福已耳是为记信士戴光昇堂人张氏男玉富饶氏蔡嗣祯绿福一撚共捐银壹千馀两邑人黄熙氏罗性之撰增书大清光绪十有五年岁次己丑季真月吉旦立

图版 7　第 4 号龛戴光升装彩记

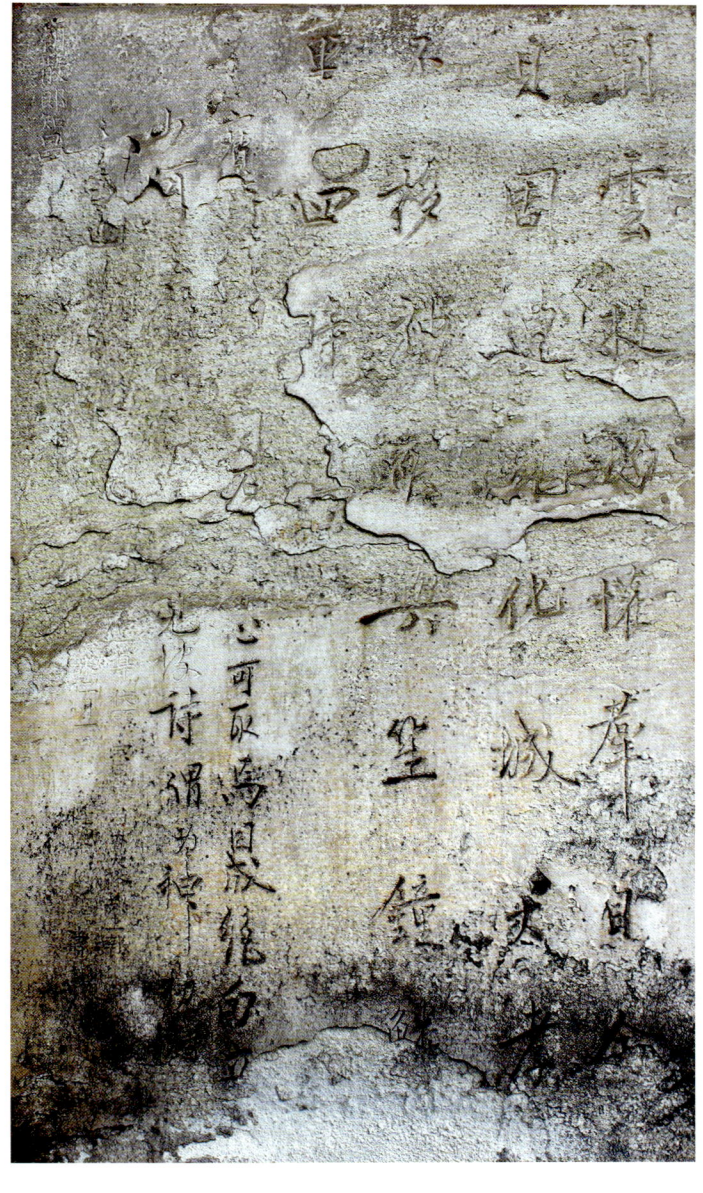

08　07　06 05　04　　03　　02　　01

图版 8　第 5 号龛宇文屺诗碑

08　07　06 05　04　　03　　02　　01

图版 8　第 5 号龛宇文屺诗碑

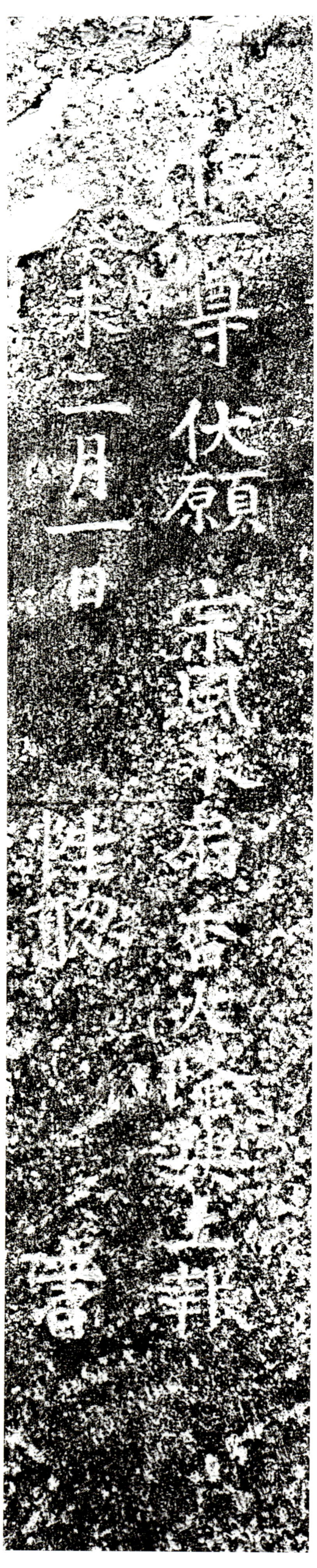

图版 9　第 5 号龛性聪书残记

图版 10　第 5 号龛战符题《灵湫泉》诗

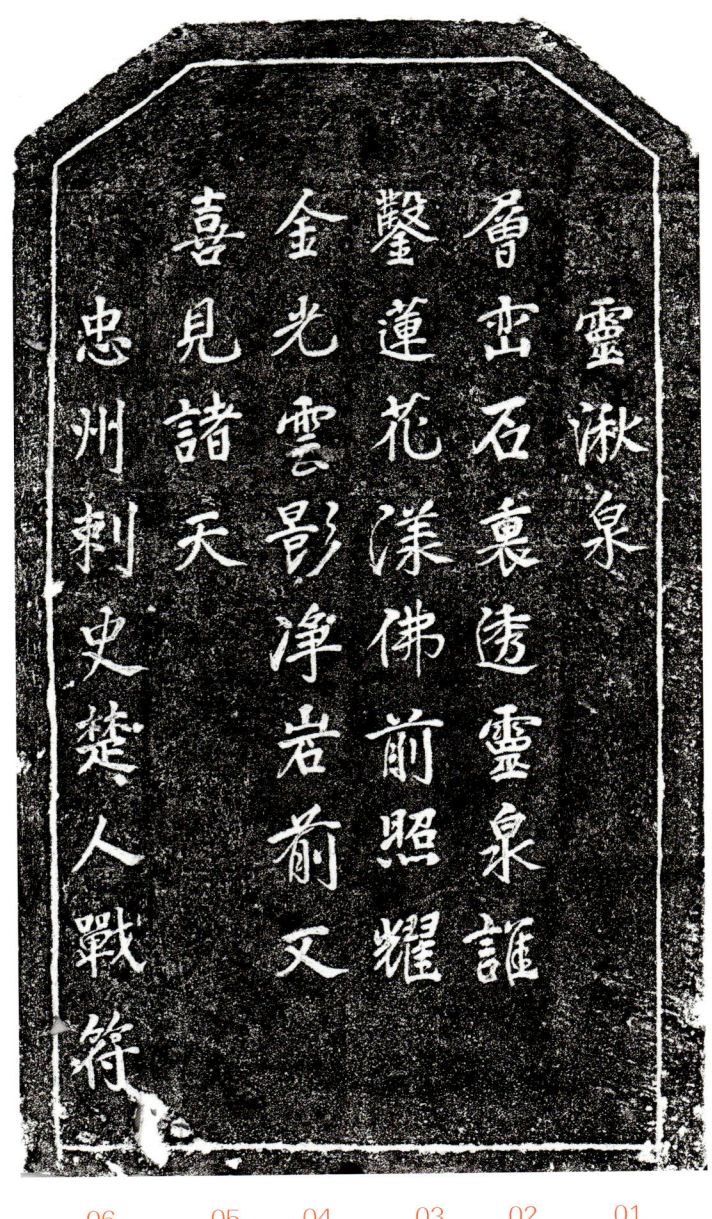

图版 10　第 5 号龛战符题《灵湫泉》诗

图版 11　第 5 号龛晚期第 2 则进香墨书题记

图版 12　第 5 号龛晚期第 3 则进香墨书题记

图版 13　第 5 号龛晚期第 5 则进香墨书题记

图版 14　第 5 号龛晚期第 8 则进香墨书题记

图版 15　第 5 号龛晚期第 10 则进香墨书题记

图版 16　第 5 号龛晚期第 15 则进香墨书题记

图版17　第6号龛第二级塔身"舍利宝塔"题名

图版17　第6号龛第二级塔身"舍利宝塔"题名

图版18　第7号龛第一级塔身"妙智宝塔"题名

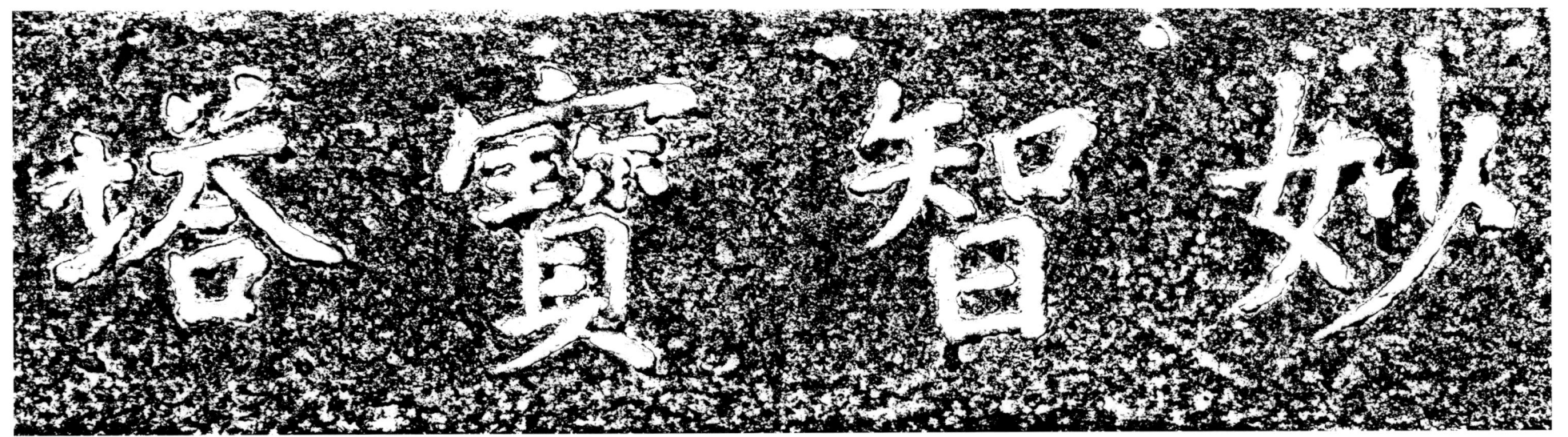

图版18　第7号龛第一级塔身"妙智宝塔"题名

图版 19　第 7 号龛魏了翁书"毗卢庵"题刻

图版 19　第 7 号龛魏了翁书"毗卢庵"题刻

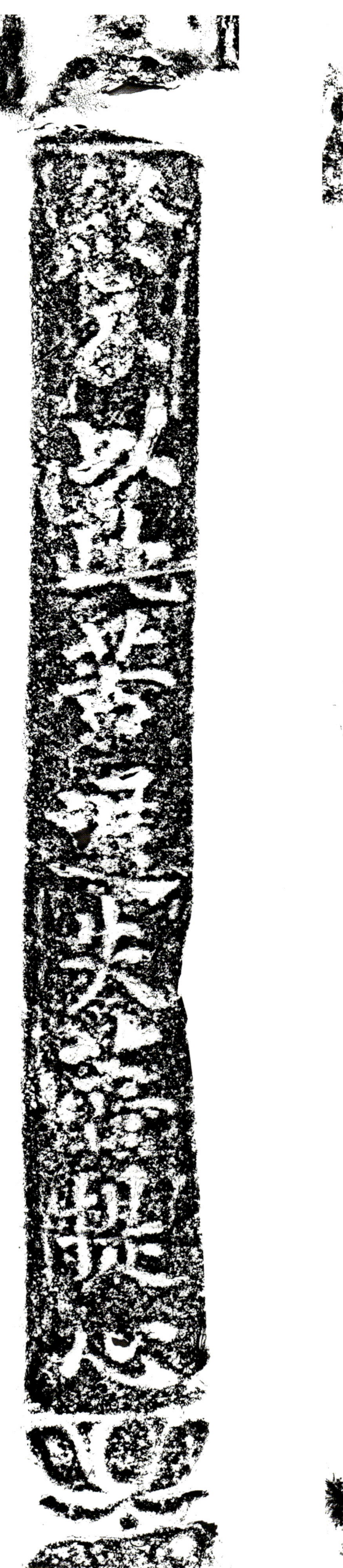

图版20　第7号龛中部亭外左右侧偈语　　　　　　　　图版20　第7号龛中部亭外左右侧偈语

Ⅱ 铭文图版　529

图版 21　第 7 号龛左下净明立《遥播千古》碑

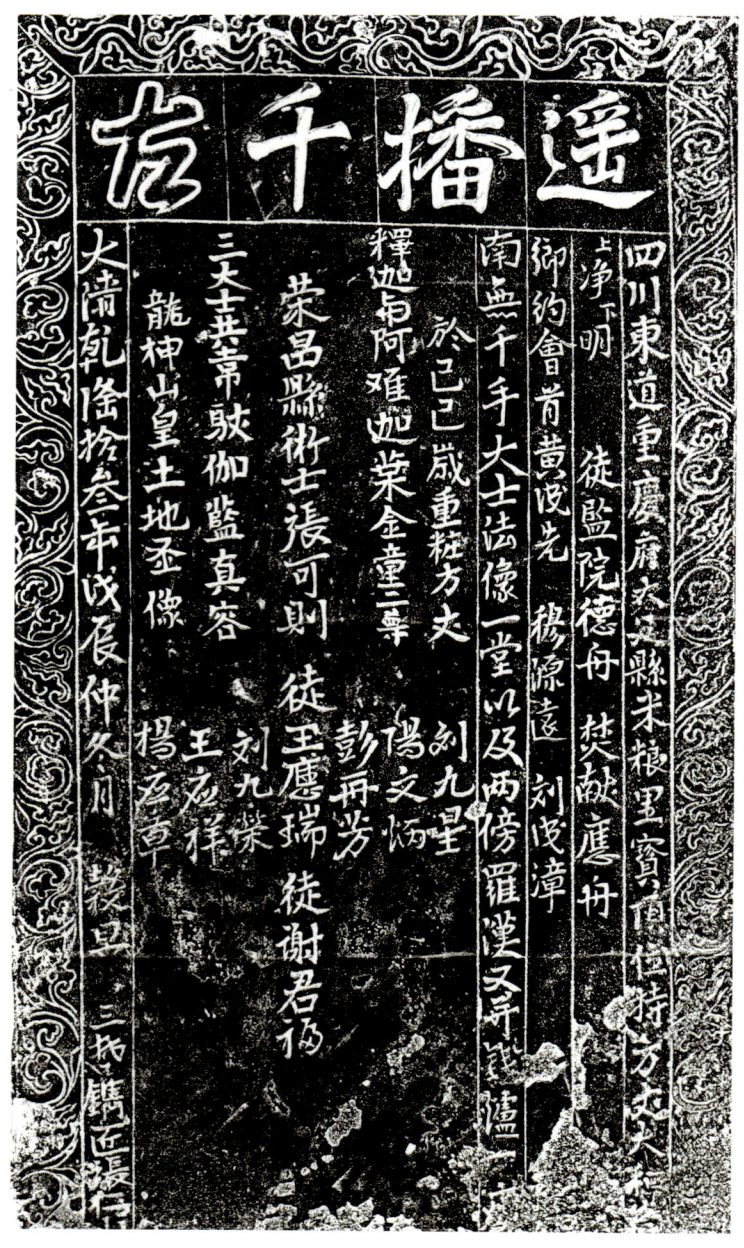

图版 21　第 7 号龛左下净明立《遥播千古》碑

图版 22　第 7 号龛左下悟朝立《善功部》碑

图版 22　第 7 号龛左下悟朝立《善功部》碑

图版 23　第 8 号龛张龙飞装修千手观音像记（石砖正面）

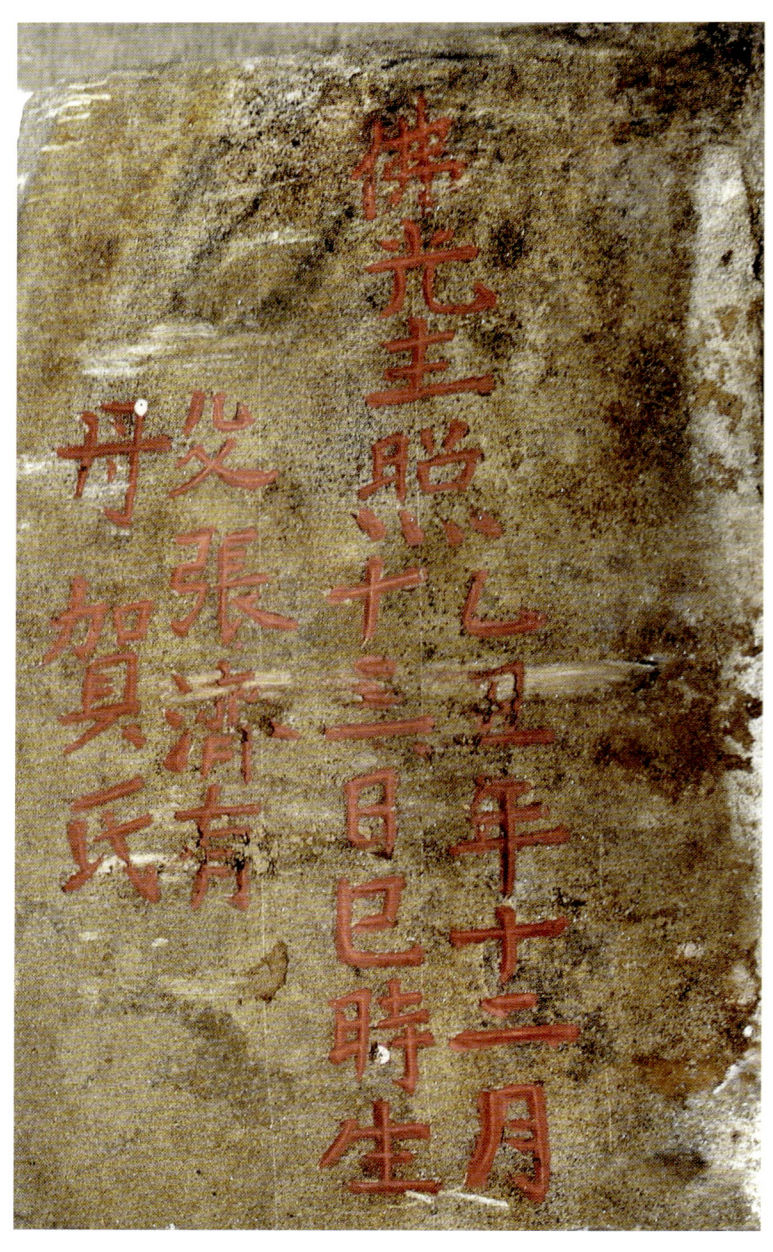

图版 24　第 8 号龛张龙飞装修千手观音像记（石砖背面）

图版 25　第 9 号龛第一层左侧殿阁"化城"题名

图版 26　第 9 号龛第三层左侧楼阁 "正觉院" 题名

图版 26　第 9 号龛第三层左侧楼阁 "正觉院" 题名

图版 27　第 9 号龛第四层左侧楼阁 "净土宫" 题名

图版 27　第 9 号龛第四层左侧楼阁 "净土宫" 题名

图版 28　第 9 号龛第四层右侧楼阁"光明殿"题名

04　　　03　　　02　　　01

图版 29　第 9 号龛第三层造像下部偈语

图版30　第9-1号龛第一级塔身正面偈语

图版30　第9-1号龛第一级塔身正面偈语

II 铭文图版　535

02　　　　　　　　　　　　　　　　01

图版 31　第 9-1 号龛第二级塔身正面"舍利宝塔"题名

02　　　　　　　　　　　　　　　　01

图版 31　第 9-1 号龛第二级塔身正面"舍利宝塔"题名

图版 32　第 13 号龛主尊像左侧第二组造像 "药叉" 题刻

图版 32　第 13 号龛主尊像左侧第二组造像 "药叉" 题刻

图版 33　第 13 号龛主尊像左侧第三组造像经文

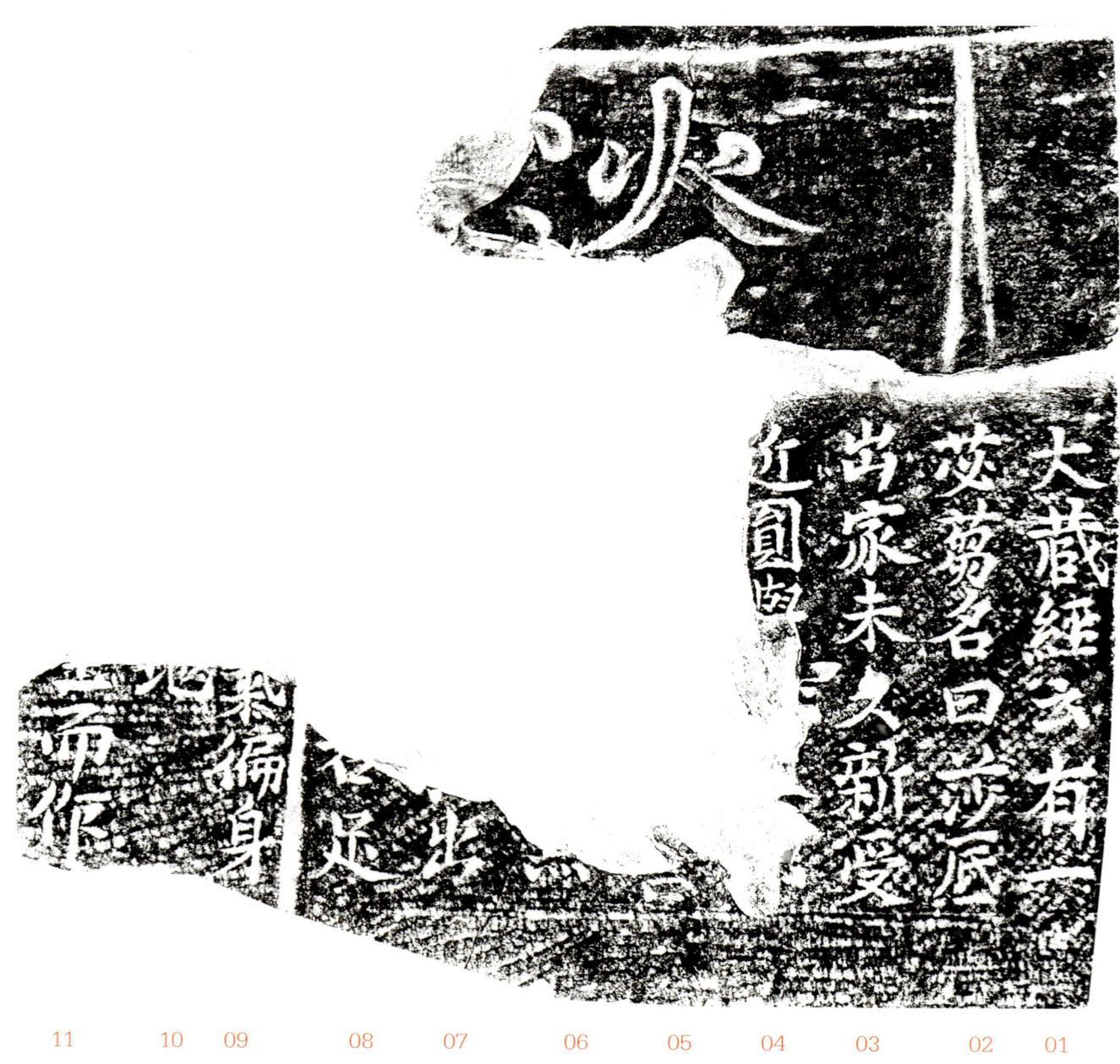

图版 33　第 13 号龛主尊像左侧第三组造像经文

图版34　第13号龛主尊像右侧第二组造像"天胜修罗"题刻

图版34　第13号龛主尊像右侧第二组造像"天胜修罗"题刻

图版 35　第 14 号窟窟口上方匾额"毗卢道场"题刻

图版 35　第 14 号窟窟口上方匾额"毗卢道场"题刻

图版36 第14号窟窟口楹联　　　　图版36 第14号窟窟口楹联

图版 37　第 14 号窟室内转轮经藏平坐南面壸门左端"正觉门"题刻

图版 37　第 14 号窟室内转轮经藏平坐南面壸门左端"正觉门"题刻

图版38　第14号窟室内转轮经藏平坐南面壸门右端"翅头城"题刻

图版38　第14号窟室内转轮经藏平坐南面壸门右端"翅头城"题刻

图版39　第14号窟室内西壁及南壁西侧第二组上部楼阁"兜率宫"题刻

图版39　第14号窟室内西壁及南壁西侧第二组上部楼阁"兜率宫"题刻

图版 38　第 14 号窟室内转轮经藏平坐南面壶门右端"翅头城"题刻

图版 38　第 14 号窟室内转轮经藏平坐南面壶门右端"翅头城"题刻

图版 39　第 14 号窟室内西壁及南壁西侧第二组上部楼阁"兜率宫"题刻

图版 39　第 14 号窟室内西壁及南壁西侧第二组上部楼阁"兜率宫"题刻

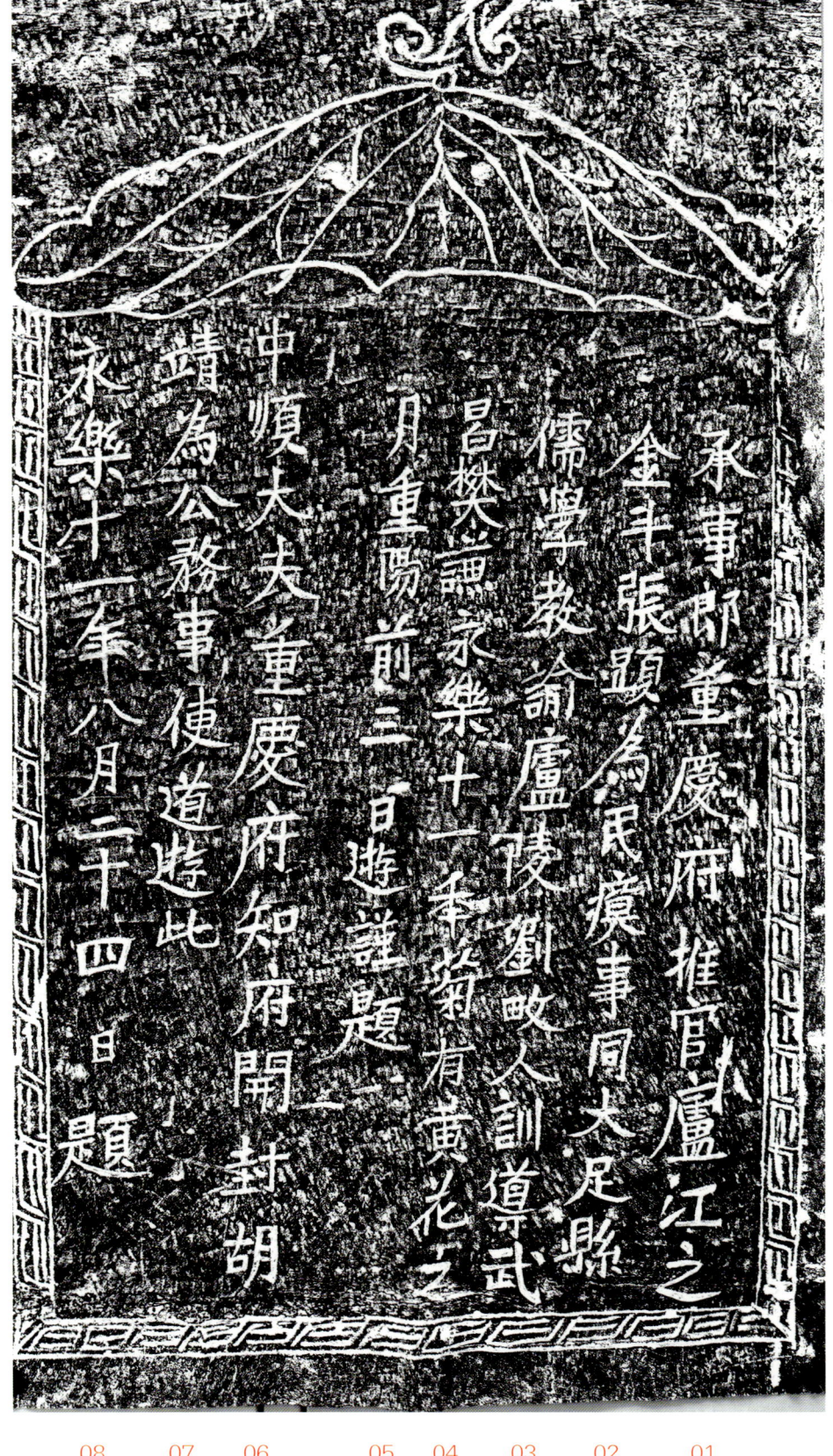

图版 40　第 14 号窟窟门左内侧胡靖等游记

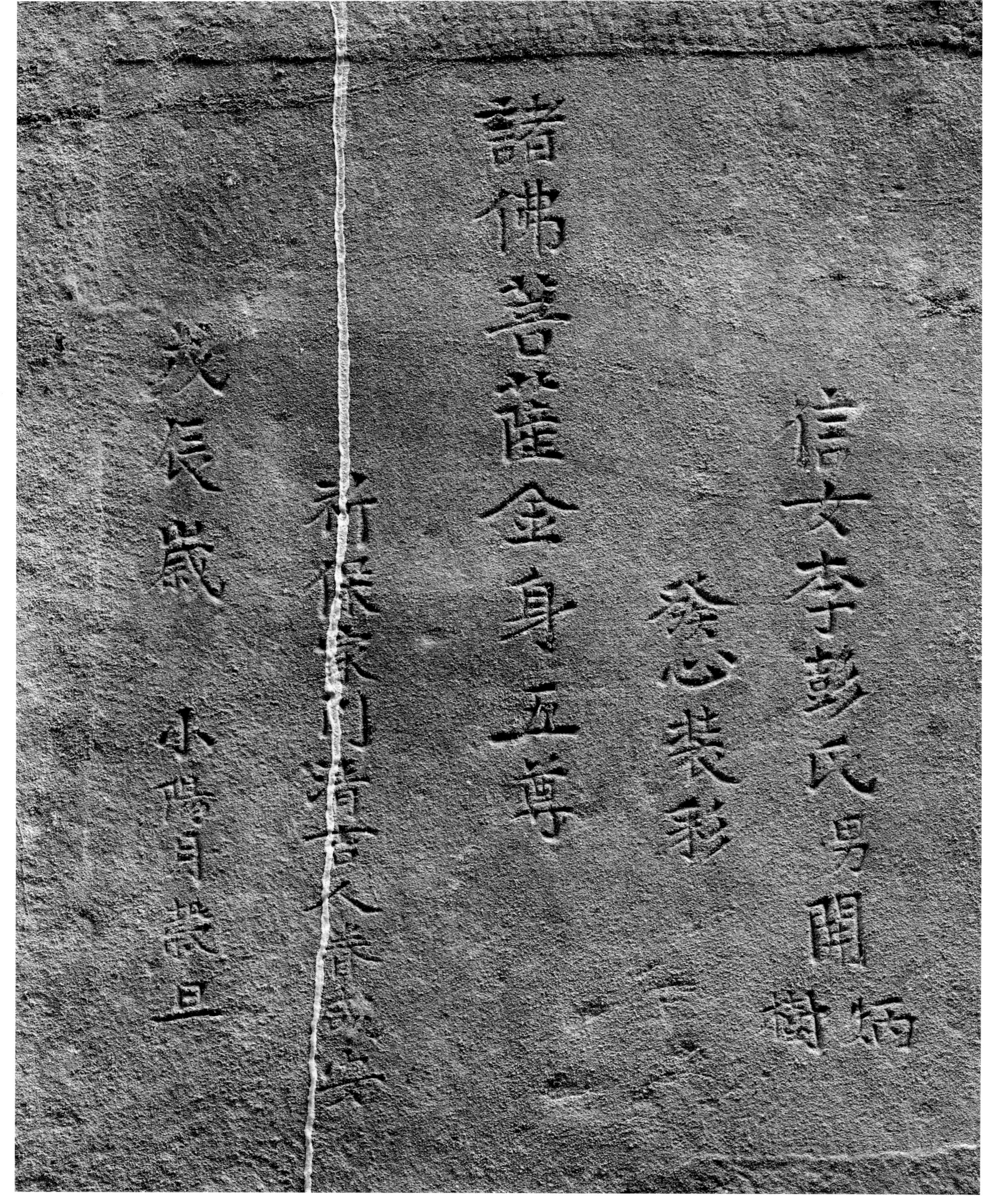

图版 41　第 14 号窟窟外西崖李彭氏装彩记

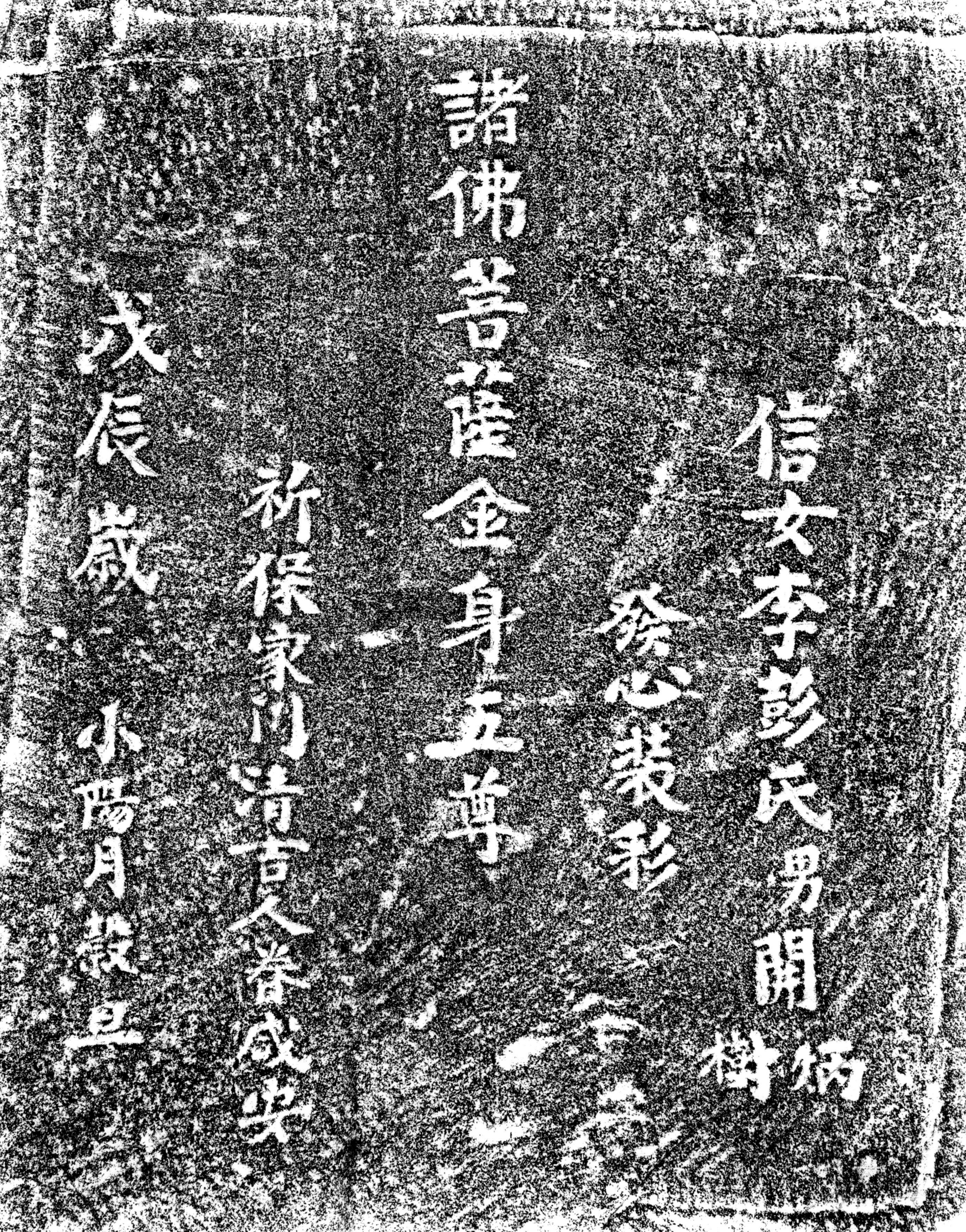

图版41 第14号窟窟外西崖李彭氏装彩记

图书在版编目（CIP）数据

宝顶山大佛湾石窟第1—14号考古报告. 下册 / 黎方银主编；大足石刻研究院编. —重庆：重庆出版社, 2018.4
（大足石刻全集. 第六卷）
ISBN 978-7-229-12691-9

Ⅰ. ①北… Ⅱ. ①黎… ②大… Ⅲ. ①大足石窟－考古发掘－发掘报告
Ⅳ. ①K879.275

中国版本图书馆CIP数据核字(2017)第228222号

宝顶山大佛湾石窟第1—14号考古报告　下册
BAODINGSHAN DAFOWAN SHIKU DI 1-14 HAO KAOGU BAOGAO XIACE

黎方银 主编　　大足石刻研究院 编

总策划：郭　宜　黎方银
责任编辑：杨希之　吴芝宇
美术编辑：郑文武　吴芝宇　吕文成　王　远
责任校对：刘　艳
装帧设计：胡靳一　郑文武
排　　版：何　璐　黄　淦

重庆出版集团
重庆出版社　出版

重庆市南岸区南滨路162号1幢　邮政编码：400061　http://www.cqph.com
重庆新金雅迪艺术印刷有限公司印制
重庆出版集团图书发行有限公司发行
E-MAIL:fxchu@cqph.com　邮购电话：023-61520646
全国新华书店经销

开本：889mm×1194mm　1/8　印张：71.5
2018年4月第1版　2018年4月第1次印刷
ISBN 978-7-229-12691-9
定价：2500.00元

如有印装质量问题，请向本集团图书发行有限公司调换：023-61520678

版权所有　侵权必究